Un Manifiesto Patriota Americano

Un Manifiesto Patriota Americano

David Batcheller

ISBN 9798846887183

Todas las demás citas han sido recopiladas de una amplia variedad de fuentes y son precisas según el mejor conocimiento del autor.

Traducido del inglés al español - www.onlinedoctranslator.com
Impreso por Kindle Direct Publishing

Contenido

Prefacio

Mi viaje continúa

Hace solo unos pocos años, comencé un viaje, uniéndome a millones de estadounidenses que están profundamente preocupados por la dirección y el futuro de nuestra nación. Este proceso me llevó a estudiar y redescubrir nuestra historia nacional, herencia y forma de gobierno. A lo largo del camino, descubrí muchos hechos que han sido suprimidos u ocultos a la población en general a través de las prácticas engañosas y controladoras de los medios de comunicación y nuestros supuestos líderes. Al reescribir nuestra historia y manipular los sistemas educativo, judicial y político, los que están en el poder han llevado al pueblo estadounidense a un futuro muy oscuro e incierto.

En mi primer libro, *La espiral descendente: declive del sueño Americano*, dirigí mi mensaje hacia la corriente principal de la población estadounidense. Esta estrategia se basó en la comprensión de que el estadounidense promedio posee altos niveles de ingenuidad, ignorancia, prejuicio y apatía. Desafortunadamente, esta es la realidad de nuestra condición actual como nación. Si bien este nuevo libro aún puede servir para ese propósito de muchas maneras, ahora estoy dirigiendo mi mensaje más específicamente al creciente movimiento de patriotas estadounidenses amantes de la libertad. Mi experiencia en los últimos años ha sido que este movimiento representa simultáneamente nuestro mayor desafío y nuestra mejor esperanza para restaurar el sueño americano.

Como en mi primer libro, mi enfoque todavía se inclina a ser una descripción general amplia y fácil de leer de temas complejos. Mi intención principal no es impresionar o repetir la información que está disponible. En cambio, busco encender un fuego ardiente para la acción, de modo que los efectos paralizantes de la impotencia, el desánimo, el miedo, la auto-preservación y la indiferencia se eliminen de la vida de mis lectores.

A lo largo de la historia, se han escrito otros 'manifiestos', incluido el Manifiesto Comunista, el Manifiesto Humanista (en varias partes) y otros, a la mayoría de los cuales se hace referencia en este escrito. Estas declaraciones describen el punto de vista y la postura de una mentalidad particular, una declaración pública de principios, intenciones, motivos, opiniones y objetivos. De la misma manera, esbozo aquí la visión emergente de los patriotas modernos aquí en los Estados Unidos de América, por lo tanto, *Un Manifiesto Patriota Americano*.

Las sociedades están llenas de personas que, en última instancia, se resignarán a seguir a quien las dirija, incluso si está por un precipicio. Tengo la firme convicción de que no necesitamos una mayoría real para ganar esta lucha por restaurar la libertad, sino una minoría de patriotas profundamente apasionados y comprometidos que no se detendrán hasta que la codicia, la tiranía y el globalismo sean erradicados de nuestra cultura estadounidense. Si no podemos despertar al pueblo estadounidense sobre esta causa, es muy posible que estemos presenciando los últimos días de nuestra república constitucional.

Los Estados Unidos de América hoy se han convertido en un cascarón hueco de su antigua gloria. Somos odiados o vistos con sospecha en todo el mundo. Hemos perdido nuestra brújula moral, alejándonos de los principios sobre los que se fundó este país. Nuestra cultura única está amenazada y nuestra economía está al borde del colapso. Lo que la mayoría de los estadounidenses no se da cuenta es que un grupo de élite codicioso, hambriento de poder con un objetivo muy claro - la creación y el control de una economía global - está orquestando estos eventos. Por increíble que parezca, esta visión diabólica requiere que Estados Unidos sea derribado del estado de superpoder para nivelar el campo de juego del mundo. Si estas personas no son expuestas y derrotadas, los estadounidenses perderán su historia, herencia, soberanía nacional y libertades personales únicas. Mientras la mayor parte de América duerme, esta estrategia ya se está implementando. En realidad, el plan puede estar tan avanzado que sea irreversible, a menos que un número suficiente de patriotas estadounidenses se levante para desafiarlo.

A medida que continuamos nuestra espiral descendente hacia el caos moral y el globalismo, es imperativo que el pueblo estadounidense se despierte, se libere de los grilletes de la indiferencia y se resista a esta tiranía cada vez mayor. Nuestra libertad y nuestro futuro están en juego. No nos atrevemos a esperar más, esperando que "alguien más" haga algo, o que las cosas simplemente mejoren mágicamente. Vivimos tiempos turbulentos, al igual que nuestros antepasados durante el nacimiento de esta gran nación. Que encontremos dentro de nosotros el mismo valor y determinación para defender lo que es correcto y realizar los cambios necesarios para preservar nuestra república constitucional.

> Si llega el momento en que hombres vanidosos y aspirantes posean los puestos más altos en el gobierno, nuestro país necesitará a sus experimentados patriotas para evitar su ruina. - Samuel Adams

Capítulo 1

Fundaciones de la libertad en América

Hoy en día, muchos estadounidenses están orgullosos de su herencia, pero no comprenden nuestra historia ni los principios sobre los que se fundó nuestra nación. Esta falta de conocimiento ha sido causada, no solo por el tiempo, sino también por los esfuerzos deliberados de personas interesadas en controlar y remodelar nuestra nación. Aquellos en posiciones de poder, que a menudo dejan de lado estos principios, han optado por utilizar una estrategia lenta y metódica en lugar de cambios directos o de la noche a la mañana. Ellos disciernen correctamente que la mayoría de las personas son como ovejas que cambiarán pasivamente o se ajustarán a cambios graduales e increméntales. Generaciones de estadounidenses han ido y venido desde que estas estrategias se pusieron en marcha por primera vez; y ahora muy pocos de nosotros recordamos de dónde venimos, o por qué nos convertimos en la nación más grande sobre la faz de la tierra.

Los temas que se debaten hoy son muy similares a los primeros días de nuestra República: la disputa sobre el papel o alcance esencial del gobierno y la soberanía tanto de los individuos como de los Estados. En un sentido muy real, ahora estamos reviviendo esos días tumultuosos en los que las almas de los hombres fueron severamente probadas, la época que dio origen a América.

Ellos vinieron a América

Si bien reconoce la presencia y las contribuciones de los pueblos nativos americanos de América del Norte, la historia de los Estados Unidos como nación está vitalmente vinculada a la inmigración de personas de otras naciones. El descubrimiento de nuevos continentes y las oportunidades para explorar, desarrollar y conquistar fueron un llamado irresistible para muchos en la época colonial. Muchos de los que llegaron a Estados Unidos huían de la persecución religiosa; algunos escapaban de la opresión política; y otros simplemente buscaban una oportunidad de prosperidad o un nuevo comienzo en el Nuevo Mundo. Por miles, llegaron a las Américas, embarcándose en una nueva aventura que muchos esperaban que fuera su Tierra Prometida. Al principio, la mayoría provenían de Europa, pero eventualmente vendrían de África, Asia y todos los rincones del mundo.

La búsqueda de la verdadera libertad

Mientras los colonos estadounidenses trabajaban para forjar una nueva forma de vida en América del Norte, los desafíos y obstáculos únicos que enfrentaron moldearon su carácter. Estos pioneros se volvieron fuertes e independientes al sobrevivir y superar la adversidad. Su ingenio y productividad no tenían rival y, a medida que pasaba el tiempo, los fuegos de la libertad y la independencia comenzaron a crecer en sus corazones.

Los años previos a la Revolución Americana estuvieron llenos de luchas, confusión, opresión y renovación espiritual. El Imperio Británico era la potencia colonial más poderosa y expansiva del planeta y sus líderes estaban decididos a proteger y extender su imperio. Al mismo tiempo, la búsqueda de la verdadera libertad se hizo más fuerte en los corazones de los colonos estadounidenses con cada año que pasaba. ¡Esta fue una colisión de magnitud colosal en ciernes! Cada intento de la Corona británica de oprimir o controlar a los colonos solo añadió más leña al fuego de la resistencia y la independencia. Con el tiempo, las brasas ardientes de la libertad se convertirían en una rebelión en toda regla contra la tiranía, cuyos efectos sacudirían y remodelarían para siempre a América del Norte y el mundo.

Recordando nuestras raíces

Para comprender realmente la fundación de Estados Unidos, primero debemos obtener al menos una comprensión elemental de ciertas verdades históricas e ideológicas. Desconectarnos de nuestro pasado es una de las principales estrategias de quienes tienen la intención de remodelar nuestra nación. No debemos permitirnos ser despojados de nuestra historia y herencia, aunque algunas partes de ella fueran realmente feas o revelaran las malas tendencias dentro de la naturaleza humana.

Si queremos seguir siendo un pueblo libre, es imperativo que comprendamos nuestra historia actual y nos resistamos a las fábulas reescritas que muchos proponen hoy. Nuestras responsabilidades como ciudadanos estadounidenses son defender los principios de libertad, honor e integridad; discernir la diferencia entre mentiras y hechos incontrovertibles; y luchar constantemente juntos por mejorar y ser una influencia positiva en el mundo.

Para obtener esta comprensión fundamental de las raíces de Estados Unidos, debemos estar al tanto de ciertas personas cuyas vidas y enseñanzas dieron forma a nuestra nación. Por supuesto, hubo una multitud de personas que contribuyeron a la fundación de Estados Unidos. Sin embargo, para proporcionar una descripción general básica, ahora consideraremos algunos de los problemas principales, los jugadores clave y los eventos.

Una mezcla de ideas

El nacimiento de América tuvo lugar durante un largo período, mientras hombres instruidos reflexionaban y formulaban una visión para una nueva sociedad. Sus puntos de vista se basaron en gran medida en elementos de la historia y el pensamiento griegos, romanos, anglosajones, europeos continentales e ingleses.

Polibio fue un filósofo griego que vivió en el siglo II a. C., durante la época de transición de la conquista romana del Imperio griego. Abogó por combinar las fortalezas de varias formas comunes de gobierno, dividiendo los poderes en tres ramas que se equilibran a sí mismas. Aunque vio los primeros desarrollos de estas ideas dentro del Imperio Romano, pronto fueron abandonadas a favor de tener un emperador, lo que resultó en el surgimiento de los Césares.

Marco Tulio Cicerón fue un romano del siglo I a. C., cuyas ideas innovadoras a menudo diseccionaban las filosofías frecuentemente confusas o contradictorias de Platón y Aristóteles. La premisa principal de Cicerón se conoció como 'Ley Natural', lo que significa que un Creador Supremo había instituido ciertos elementos del orden divino, la conciencia humana y el razonamiento. También propuso leyes basadas en principios de justicia y moralidad. Cicerón fue uno de los favoritos de los Padres Fundadores de Estados Unidos. Su pensamiento se refleja claramente en el lenguaje de Thomas Jefferson dentro de *La Declaración de Independencia*, que dice:

> Cuando en el curso de los acontecimientos humanos, se hace necesario que un pueblo disuelva las bandas políticas que lo han conectado con otro, y asuma, entre los poderes de la tierra, la posición separada e igual a la cual las Leyes de la Naturaleza y del Dios de la Naturaleza. Dios les conceda el derecho, un respeto decente a las opiniones de la humanidad exige que declaren las causas que los impulsan a la separación.
>
> Sostenemos que estas verdades son evidentes por sí mismas, que todos los hombres son creados iguales, que están dotados por su Creador de ciertos derechos inalienables; que entre estos se encuentran la vida, la libertad y la búsqueda de la felicidad; que para garantizar estos derechos, se instituyen gobiernos entre los hombres, que derivan sus poderes justos del consentimiento de los gobernados.

Otra parte integral de la fundación de Estados Unidos fueron los principios que se encuentran en el derecho consuetudinario anglosajón, que más tarde se conectaron con las prácticas del antiguo Israel en la época bíblica de Moisés. En 1639, el reverendo Thomas Hooker escribió las Órdenes Fundamentales de Connecticut, que se convirtieron en la primera constitución escrita de los tiempos modernos. Hooker articuló los principios de Moisés en el primer capítulo de Deuteronomio como modelo para una nueva forma de gobierno. Los puntos principales del Derecho Consuetudinario están representados por la siguiente lista.

- La gente se consideraba una comunidad de hombres libres.
- Había una creencia generalizada y bien conocida de que los derechos y las leyes se originaban en Dios.
- Estos derechos individuales se consideraron inalienables y sagrados.

- La responsabilidad personal era una realidad central y ampliamente aceptada.
- Esta responsabilidad se extendió a través de la familia, la tribu, el estado y la nación, en ese orden.
- Las decisiones se tomaron por votación o por consenso, con el consentimiento del pueblo.
- El poder estaba disperso o descentralizado; no enfocado en una persona o un grupo pequeño.
- La sociedad se organizó en grupos pequeños y manejables, hacia arriba desde el nivel local.
- Se estableció un código moral fuerte, con estricto cumplimiento y cumplimiento.
- Se hicieron todos los esfuerzos para resolver los problemas al mismo nivel en el que se originaron.
- Solo se buscarán resoluciones de mayor o mayor nivel si este enfoque no funciona.

Puede ver en esta lista cómo estos principios se combinaron en el desarrollo del enfoque único de gobierno de Estados Unidos. Este enfoque aseguró que los derechos y responsabilidades individuales nunca se perderían ni se apartarían de las personas. Cualquier desviación de estos principios o concentración de poder en otra parte se enfrentaría con la resistencia de las leyes establecidas y la voz del pueblo mismo. Al menos esa era la intención original.

Años más tarde, un comité formado por Thomas Jefferson, John Adams y Benjamin Franklin propuso un sello oficial para los Estados Unidos de América. Su propuesta original era mostrar (en los dos lados del sello) la conexión entre el antiguo Israel y la visión anglosajona del derecho común.

Nuestra herencia judeocristiana

Una de las principales consideraciones que se omitieron en la mayoría de las versiones modernas de la fundación de nuestras naciones fue la fuerte influencia de la enseñanza judeocristiana. A pesar de los crecientes esfuerzos para separar la fe de la vida pública y eliminar toda mención de Dios, está bastante claro que esta herencia prevaleció en los primeros días de nuestra República. La fe personal y un código moral básico, como se describe en la Biblia, proporcionaron una base sólida para nuestra sociedad.

Este fuerte énfasis de la religión todavía se puede ver en todo el país, y se ejemplifica en sinagogas e iglesias de todo tipo, así como en monumentos, puntos de referencia y los nombres de ciudades y lugares en todas partes. Hay inscripciones en la mayoría de los edificios gubernamentales que citan la Biblia, los Diez Mandamientos y otras imágenes o dichos religiosos. Estos incluyen el Capitolio de los Estados Unidos, la Corte Suprema, la Biblioteca del Congreso, los Archivos Nacionales, el Monumento a Washington, los Monumentos a Jefferson y Lincoln y la Casa Blanca. Otro gran ejemplo es la Campana de la Libertad en Filadelfia, con un versículo de Levítico 25:10 que dice: "Proclamen libertad en toda la tierra a todos sus habitantes".

En Estados Unidos, incluso la existencia y práctica de otras creencias religiosas no solo está permitida, sino que también está protegida por la Constitución. Los hindúes, budistas, judíos, musulmanes y otras religiones pueden practicar su fe aquí, junto con muchas variaciones de la fe cristiana. La realidad de esta libertad, sin embargo, no cambia nuestras raíces históricas.

En la América colonial, y en los corazones de nuestros Padres Fundadores, la importancia de la Biblia y las enseñanzas de Jesús fueron universalmente respetadas y admiradas. Esto contrasta radicalmente con nuestro uso actual de la enseñanza humanista, la corrección política, el multiculturalismo y la retórica anti-Dios. Entonces, la gente veía sus derechos como provenientes directamente de Dios, no del rey, del gobierno o de cualquier otro lugar. Además, creían que Dios colocó estos derechos en los corazones de los hombres con 'verdades evidentes', un sentido innato del bien y del mal. Estos derechos individuales debían combinarse con un respeto mutuo por nuestros conciudadanos. Considere estos comentarios sobre el papel del gobierno:

> El deber más fundamental del estado es proteger a los ciudadanos de la conducta pecaminosa de sus vecinos. La Biblia indica que el gobierno debe actuar para preservar el orden, la capacidad de las personas de vivir una "vida

> pacífica y tranquila", en palabras de Pablo, en un mundo pecaminoso. El estado debe ser un agente piadoso que no solo permite que los hombres sigan a Dios, sino que también contiene el daño que ocurriría si no hubiera restricciones públicas sobre el comportamiento malvado.
> - Michael Cromartie, *La moneda de César revisitada*

La responsabilidad del gobierno no es cuidar de nosotros ni resolver nuestros problemas personales. Tampoco es para regular o controlar todos los aspectos de nuestras vidas. Las creencias judeocristianas de nuestros Padres Fundadores los llevaron a creer que el gobierno fue instituido principalmente para servir al bien común de la gente, promover la justicia y la rectitud, dispensar una retribución justa y servir como árbitro neutral y protector de la gente. En otras palabras, para proteger "la vida, la libertad y la búsqueda de la felicidad" y permitir que las personas disfruten de las bendiciones de Dios.

> No perviertes la justicia; no muestres parcialidad hacia los pobres ni favoritismos hacia los grandes, sino juzga a tu prójimo con equidad. - Levítico 19:15

¿Separación de la iglesia y el estado?

La visión reciente y distorsionada de la 'separación de la iglesia y el estado' no era algo en la mente o el corazón de nuestros Padres Fundadores. Aunque sus creencias personales variaban, todavía existía un sentido general de unidad y convicción con respecto a las enseñanzas de la fe cristiana.

La idea de los Fundadores no era prohibir o regular la religión, sino más bien permitir que las personas de cualquier fe practicaran lo que creen sin interferencia o regulación del gobierno. Esta búsqueda de la verdadera libertad había llevado a muchos europeos a huir de la opresión y persecución religiosas. La intención real de los Fundadores era salvaguardar este derecho fundamental; en otras palabras, ¡proteger a la iglesia del gobierno!

El desarrollo de la falsa enseñanza de la separación de la iglesia del estado es paralelo al declive moral y gubernamental de nuestra cultura durante las últimas generaciones.

> En manos de un grupo de élite de reformadores, esta enmienda se está volcando ahora de una manera que haría estremecer a sus autores originales. Hoy en día, nuestros tribunales a menudo interpretan la libertad de religión como la libertad de religión. En lugar de separar a la iglesia de la interferencia estatal, el significado ahora es que las prácticas religiosas deben ser expulsadas del estado. Fuerzas poderosas buscan desarraigar todo vestigio de influencia cristiana, reescribir nuestra historia y desterrar a Dios del sector público. - Erwin Lutzer, *Cruz de Hitler*

> Hoy en día, la separación de la iglesia y el estado en Estados Unidos se usa para silenciar a la iglesia. Cuando los cristianos hablan sobre temas, el tono y el clamor del estado humanista y los medios de comunicación es que los cristianos, y todas las religiones, tienen prohibido hablar ya que hay una separación entre la iglesia y el estado. La forma en que se usa el concepto hoy en día es totalmente inversa a la intención original. No tiene sus raíces en la historia ... El pluralismo ha llegado a significar que todo es aceptable. Este nuevo concepto de pluralismo de repente está en todas partes. No hay bien o mal; es solo una cuestión de su preferencia personal.
> - Francis Schaeffer, *Un manifiesto cristiano*

Sentando las bases

Durante siglos, Europa había estado dominada por monarquías que estaban fuertemente influenciadas o incluso controladas por las religiones estatales. A medida que Inglaterra, Francia, España y otras naciones colonizaron gran parte del mundo durante los siglos XV y XVI, comenzó a surgir una visión particular del gobierno. Incluso cuando los fuegos de la Reforma barrieron Europa, desafiando las tradiciones y enseñanzas de la Iglesia Católica Romana, comenzaron a surgir nuevas ideologías políticas que eventualmente conducirían a una forma de gobierno completamente nueva en Estados Unidos. Con el tiempo, las colonias americanas se convirtieron en un lugar donde estas nuevas ideas echarían raíces y florecerían.

Uno de los hombres que dio forma dramáticamente a esta nueva filosofía fue el reverendo Samuel Rutherford, un teólogo y autor presbiteriano escocés. En 1644, Rutherford escribió un libro titulado *Lex Rex: la ley y el príncipe*. En este tratado, expuso las falacias de lo que se conocía comúnmente como 'el derecho divino de los reyes', lo que significa que cierta clase de élite de personas poseía inherentemente un lugar especial o derecho de Dios mismo para gobernar a sus súbditos. Los reyes poseían y controlaban todo el territorio dentro de lo que se conocía como su "reino" y el pueblo era súbdito, sin derecho a la propiedad ni a la libertad personal. En esta realidad, los gobiernos de los hombres se basaban en el poder y los caprichos de quienes poseían este estatus.

A lo largo de su vida, Rutherford expuso las teorías del gobierno limitado, la separación de poderes, el estado de derecho y el constitucionalismo. Su libro fue posteriormente prohibido y quemado por las autoridades, y fue condenado por alta traición. Sin embargo, Rutherford murió antes de que se cumpliera su sentencia de ejecución.

Otro filósofo y escritor político muy conocido que influyó mucho en nuestros Padres Fundadores fue el inglés John Locke. Sus ideas sobre los derechos naturales, el trabajo, la propiedad y el gobierno también se consideraron bastante revolucionarias para su época. Los argumentos de Locke sobre la libertad y la teoría de un "contrato social" entre las personas y su gobierno influyeron más tarde en las opiniones de Alexander Hamilton, James Madison, Thomas Jefferson, Benjamin Franklin y muchos otros. Locke tomó muchas de las ideas de Rutherford y las puso en un contexto más secular. Algunos de los fundadores de Estados Unidos, como Jefferson y Franklin, que luego fueron considerados deístas, estaban más en línea con los puntos de vista de Locke.

Más cercano a la época de la Revolución Americana estuvo Sir William Blackstone, un jurista y profesor inglés, quien produjo el tratado histórico y analítico sobre el derecho común llamado *Commentaries on the Laws of England*, publicado por primera vez en cuatro volúmenes entre 1765 y 1769. Estos volúmenes se convirtieron en la fuente definitiva del pensamiento del Derecho Consuetudinario en Estados Unidos, a menudo citados por los Padres Fundadores, así como por los Tribunales de Estados Unidos, durante muchos años.

En 1776, el economista escocés Adam Smith publicó su histórico *La riqueza de las naciones*, que defendía una economía de libre mercado como más productiva y beneficiosa para la sociedad. Este trabajo también contribuyó en gran medida a los principios emergentes de la sociedad y el gobierno estadounidenses.

John Witherspoon fue un ministro presbiteriano y presidente de lo que ahora es la Universidad de Princeton. Un estudiante devoto de Rutherford, fue el único pastor que firmó la Declaración de Independencia. Inmediatamente después de que terminó la Guerra de Independencia de los Estados Unidos, el Congreso convocó el primer Día de Acción de Gracias oficial para dar gracias a Dios. El discurso de Witherspoon ese día reflejó su perspectiva y la de los fundadores de Estados Unidos. En ese famoso discurso, declaró:

> Una república una vez igualmente equilibrada debe preservar su virtud o perder su libertad.
> - John Witherspoon

Hombres como el barón Charles de Montesquieu de Francia también influyeron significativamente en el pensamiento en desarrollo de los redactores estadounidenses. Montesquieu se hizo famoso por su teoría de la separación de poderes. Su histórico escrito filosófico llamado El espíritu de las leyes se convirtió en una de las obras políticas más importantes del siglo XVIII e incluyó ideas para una constitución modelo.

Elegir una forma de gobierno

Nuestros Padres Fundadores contemplaron a fondo todas las diversas formas de gobierno humano antes de formar nuestra República aquí en América. En el camino, consideraron monarquías, aristocracias, oligarquías, dictaduras, democracias y repúblicas. No se embarcaron en este viaje a la ligera o por capricho. Su curso fue un territorio inexplorado en cada paso del camino, y los resultados en términos de la historia humana no solo fueron únicos, sino también bastante notables, con la huella de la providencia, la sabiduría y la guía divinas.

A modo de marcado contraste, la Revolución Francesa, que ocurrió poco después de la Revolución Americana, resultó en una tremenda agitación, caos y las Guerras Napoleónicas porque estos principios no estaban firmemente arraigados en los cimientos. Los resultados y el desarrollo de ambas naciones demuestran claramente los efectos de seguir o aplicar estos principios fundamentales de la libertad.

Mayor refinamiento de estos pensamientos en América

Altamente educados y astutos, los líderes emergentes de las colonias americanas comenzaron a desarrollar estas ideas aún más. Hombres como John Adams, Benjamin Franklin, Thomas Jefferson, James Madison, George Washington y muchos otros siguieron adelante en la búsqueda del sueño americano. La teoría comenzó a tomar forma tangible mientras luchaban con todas las opciones o alternativas. A medida que la presión se apoderó de ellos en forma de tiranía británica, su determinación de implementar estos principios se hizo más fuerte cada año.

En su libro *The 5000 Year Leap*, Cleon Skousen resumió la brillantez de estos hombres:

> Parte del genio de los Padres Fundadores fue su espectro político o marco político de referencia. Era un criterio para medir el poder político en cualquier sistema de gobierno en particular. Tenían un criterio político mucho mejor que el que se usa generalmente en la actualidad. Si los Fundadores hubieran utilizado el criterio moderno del "comunismo de izquierda" y "fascismo de derecha", nunca habrían encontrado el centro equilibrado que buscaban.

El centro del debate desde el principio fue la autoridad o el papel de cada colonia y cualquier gobierno federal propuesto, así como los derechos de los ciudadanos individuales. Algunos estadounidenses se inclinaron hacia un gobierno centralizado fuerte, al que otros se opusieron con vehemencia. Incluso hubo algunos que abogaron por regresar a una monarquía, ¡y finalmente propusieron convertir a George Washington en el primer rey!

A su debido tiempo, estos dos campos generales se conocieron como los federalistas y los anti-federalistas. *The Federalist Papers*, una colección de ensayos escritos por James Madison, Alexander Hamilton y John Jay, se convirtió en el punto focal del debate en curso mientras nuestra nación luchaba por encontrar el equilibrio de poderes.

En este yunque de debate, los estadounidenses forjaron el camino hacia la libertad y una nueva forma de gobierno. Sus diversas opiniones creaban con frecuencia desacuerdos, tensiones e incluso conflictos. Sin embargo, a través de todo esto, lentamente comenzó a materializarse una dirección clara. Luego, a medida que se intensificaba la olla a presión de la opresión británica, juntos encontraron una manera de resolver sus diferencias y permanecer unidos contra su enemigo común.

Encendiendo los fuegos de la libertad y la independencia

Siempre presente en la dirección emergente de nuestros Padres Fundadores estaba su creencia de que Dios tenía la intención de usar a Estados Unidos como ejemplo y bendición para el mundo entero. Esta convicción se basaba en su comprensión de las Escrituras y en un profundo sentido de la providencia y el llamado divinos. Este sentido de propósito, o "destino manifiesto", como se le llamó más tarde, fue un fuerte factor unificador y motivador en el desarrollo temprano de Estados Unidos.

A medida que aumentó la represión británica, los colonos estadounidenses gradualmente se volvieron más decididos y directos en su respuesta. Apelaciones, peticiones y manifestaciones empezaron a dar paso a eventos como el Boston Tea Party, el desafío a la legislación o edictos británicos y el hundimiento de barcos británicos. Los hombres se encontraron enfrentando la espada del totalitarismo y su naturaleza pacífica y diplomática comenzó a transformarse en una feroz determinación de defender los principios de la libertad, que habían llegado a abrazar de todo corazón. Finalmente, se vieron envueltos en una guerra a gran escala en defensa de sus libertades y de su nación.

La independencia se logró en Estados Unidos gracias a los esfuerzos de muchas personas. Entre los muchos que ayudaron a encender la Revolución Americana se destacaron patriotas como Samuel Adams, Paul Revere, Patrick Henry y Thomas Paine.

Sí, Samuel Adams fue un cervecero, pero también un estadista y político que se convirtió en uno de los catalizadores más abiertos y prominentes de la Revolución Americana. Adams, primo segundo de nuestro segundo presidente John Adams, era un patriota feroz y decidido que escribió muchos ensayos, presionó, apeló y movilizó a la gente a través de grupos como los Hijos de la Libertad.

Paul Revere era un platero de oficio que también estaba activo en los Hijos de la Libertad. Más tarde ayudó a organizar un sistema de inteligencia y alarma para vigilar al ejército británico. Revere se hizo famoso por su "paseo de medianoche" para advertir a los ciudadanos de Lexington y Concord, Massachusetts, de la inminente confiscación de sus armas.

Patrick Henry, miembro de los Hijos de la Libertad y el primer gobernador de Virginia, es recordado como uno de los defensores más influyentes (y radicales) de la Revolución Americana. Fue especialmente franco en apoyo del republicanismo y en sus denuncias de la corrupción y el comportamiento poco ético de los funcionarios del gobierno. En medio de la división y la indecisión, su feroz discurso de 1775 en la Casa de los Burgueses en Richmond, Virginia, apasionó y movilizó al pueblo contra la invasión del ejército británico.

En 1776, Thomas Paine escribió y distribuyó un panfleto titulado *Common Sense*, un ataque poderoso y ampliamente leído contra la tiranía británica. Este llamado a la independencia estadounidense, inicialmente llamado *La pura verdad*, fue escrito en un formato simple y lógico que avivó las llamas de la libertad en las colonias estadounidenses.

Ese mismo año, bajo amenaza de represalias por traición, 56 valientes colocaron sus nombres en *La Declaración de Independencia*, declarando en conclusión:

> Y para apoyar esta Declaración, confiando firmemente en la protección de la Divina Providencia, nos comprometemos mutuamente nuestras Vidas, nuestras Fortunas y nuestro sagrado Honor.

Sin personas como esta, que estaban dispuestas a tomar una posición firme y arriesgar sus vidas, la independencia y la libertad estadounidenses no se habrían logrado. ¡Nunca debemos olvidar la determinación y el sacrificio de los valientes patriotas que se mantuvieron firmes contra viento y marea para dar existencia a nuestra nación!

Los cimientos de la libertad en Estados Unidos se establecieron sobre principios sólidos derivados de la combinación de ideas que abarcaron muchos siglos. Hasta hace relativamente poco tiempo, los estadounidenses consideraban que esta base estaba vitalmente conectada con su fe religiosa y la bendición o el favor de Dios.

> Los fundadores de Estados Unidos, independientemente de sus compromisos de fe individuales, establecieron un gobierno nacional limitado de poderes enumerados porque su cosmovisión bíblica compartida les advirtió contra el peligro de mezclar la naturaleza humana pecaminosa y la autoridad política concentrada. Vieron una Constitución que restringía y descentralizaba el poder estatal como la única forma de proteger a la gente de las acciones de gobernantes despiadados, codiciosos y egoístas. - Michael Cromartie, *La moneda de César revisitada*

Los resultados de esta sólida base crearon un lugar único para los Estados Unidos de América en la historia del mundo. El resto del mundo, en términos generales, se ha enriquecido, inspirado y bendecido de muchas formas diferentes por el surgimiento de nuestra república.

Capitulo dos

El largo camino hacia la tiranía

Los colonos estadounidenses habían estado aquí durante más de cien años antes de que la dominación británica se convirtiera en un peso insoportable. A medida que el Imperio inglés se expandió, también lo hicieron las demandas a sus colonias. Al final, estas demandas se volvieron intolerables e inaceptables.

Desde que obtuvo la independencia, Estados Unidos ha disfrutado de los beneficios de nuestro exclusivo sistema de gobierno durante más de 200 años. Sin embargo, también hemos sufrido una disminución gradual de la moralidad, la responsabilidad ciudadana y los valores sobre los que se fundó originalmente nuestra nación. La visión de nuestros Padres Fundadores ahora está nublada y en peligro. Nuestra Constitución está al borde de la extinción debido a cambios graduales en nuestra cultura, economía y sistema político. Una vez más nos enfrentamos a una crisis nacional, una encrucijada en el largo camino hacia la tiranía, que amenaza no solo nuestras libertades personales, sino también el futuro de nuestra República.

Formando una unión más perfecta

> Cualquier interpretación honesta de la fundación de nuestra nación reconocerá que hubo una lucha interna desde el principio para determinar el tipo de gobierno que tendríamos en los Estados Unidos. Debido a que la naturaleza humana es constante y la historia a menudo se repite, hemos sido testigos del declive moral progresivo y la invasión del gobierno sobre el cual nos advirtieron nuestros Padres Fundadores.Sí, producimos una República casi perfecta. Pero, ¿lo mantendrán o, en el disfrute de la abundancia, perderán el recuerdo de la

libertad? La abundancia material sin carácter es el camino más seguro a la destrucción. - Thomas Jefferson

No tenemos un gobierno armado con el poder capaz de competir en las pasiones humanas desenfrenadas por la moral y la religión. Nuestra constitución fue hecha solo para un pueblo moral y religioso. Es totalmente inadecuado para el gobierno de cualquier otro. - John Adams, discurso a la milicia de Massachusetts, 1798

En medio de la guerra con Inglaterra, los estadounidenses fracasaron en su búsqueda de la independencia. El ejército colonial estaba severamente superado en armamento y falta de suministros. En cuanto al gobierno colonial, su énfasis reaccionario inicialmente se inclinó demasiado en una dirección, prácticamente sin poderes centrales o nacionales. En 1777, el Congreso Continental adoptó los Primeros Artículos de la Confederación. Aunque esto fue una mejora, los artículos otorgaron tan pocos poderes al gobierno federal que en poco tiempo nuestra naciente nación se tambaleaba al borde de la supervivencia. Este enfoque subestimó la necesidad de poderes federales legítimos y resultó ser totalmente inadecuado. Por lo tanto, nuestros Padres Fundadores pronto se encontraron en una seria necesidad de reagrupar y perfeccionar su enfoque.

A través de un milagro no pequeño y después de ocho largos años, los colonos lograron la victoria final en el campo de batalla y se aseguró la independencia estadounidense. En 1787, se convocó una Convención Constitucional y se redactó y ratificó la Constitución de los Estados Unidos. Después de una guerra larga y ardua y un debate interno aparentemente interminable, los estadounidenses finalmente pudieron encontrar un equilibrio entre los roles estatales y federales en el gobierno.

Las semillas de la corrupción

Incluso en medio del milagro que se convirtió en Estados Unidos, hubo problemas. Las semillas de la corrupción, que se encuentran dentro de la propia naturaleza humana, estuvieron presentes desde el principio. No debería sorprendernos que incluso los mejores planes concebidos por el hombre finalmente sucumban a un proceso de deterioro y muerte. Esta lección se puede ver claramente mediante un estudio cuidadoso de la historia de Estados Unidos.

> Los redactores de la Constitución asumieron erróneamente que Nosotros, el Pueblo, vigilaríamos de cerca al gobierno porque era lo mejor para nosotros. Me avergüenza decir que la mayoría de los estadounidenses no tienen ni idea de lo que realmente dice la Constitución. Si Nosotros, el Pueblo, queremos reclamar nuestros derechos, también debemos reclamar la responsabilidad final por lo que sucede en Washington, DC. Si vota por el 'menor de dos males' y su candidato gana, aún así terminará con el mal. - Michael Badnarik, *Bueno para ser rey*

El mejor gobierno del mundo está sujeto a las imperfecciones de la naturaleza humana, y esto es cierto para los líderes de nuestra nación a lo largo de la historia. Badnarik continúa para ilustrar esto:

> La corrupción en nuestro gobierno comenzó incluso antes de que se secara la tinta de la Constitución. Alexander Hamilton era un nacionalista que se llamaba a sí mismo federalista. John Adams promulgó la Ley de Extranjería y Sedición que hizo ilegal criticar públicamente al gobierno. Andrew Jackson utilizó el "dominio eminente" para justificar la posesión de territorio indio por parte de una raza de personas que no comprendían la idea de reclamar el aire, el agua o la tierra como propiedad privada.
>
> Sin embargo, el primer presidente en violar descaradamente el espíritu de la Constitución fue Abraham Lincoln. Fue el primero en malinterpretar la Constitución para reclamar "poderes de guerra extraordinarios". Su búsqueda era mantener unida al sindicato utilizando la fuerza necesaria. ¿Con qué lógica decides salvar una nación ignorando el principio que la creó? Los motivos de Lincoln pueden haber sido puros, pero eso no lo absuelve del crimen de excederse en sus limitados poderes ejecutivos.

> Aunque Lincoln puede haberse desviado de la Constitución, el presidente que obtiene mi voto por el más corrupto y malvado es Franklin Delano Roosevelt. FDR usó el pánico de la Gran Depresión como justificación para establecer nuestro sistema de bienestar profundamente arraigado, que obviamente es socialismo para aquellos de nosotros que entendemos la santidad de la propiedad privada. - Michael Badnarik, *Bueno para ser rey*

Los primeros signos de deterioro

Desde los primeros días de nuestra República, algunos creyeron firmemente en un gobierno federal muy poderoso y en un sistema bancario centralizado. Esta dirección fue resistida por los fieles a la Constitución y la visión de nuestros Padres Fundadores durante muchos años, pero la lucha interna siempre fue muy real.

Mientras se enfrentaba a un impulso masivo hacia la banca centralizada, el presidente Andrew Jackson respondió con una oposición feroz y decidida. Su coraje y su firme determinación frenaron las tendencias devoradoras de los banqueros.

Algunos años más tarde, mientras enfrentaba la crisis de una nación dividida y una creciente deuda de guerra, el presidente Abraham Lincoln emergió como un enigma en la historia de Estados Unidos. Por un lado, Lincoln entendió claramente los peligros de la banca centralizada y habló de la Constitución. Al mismo tiempo, en aras de la conveniencia y su propia agenda, estaba dispuesto a abandonar la Constitución e implementar cambios que harían estremecer a nuestros Fundadores. ¿Te suena familiar?

> Los años de la Guerra Civil vieron la rápida centralización y ampliación del gobierno federal. Se impusieron impuestos a la mayoría de los productos manufacturados, se aumentaron las tasas arancelarias y se adoptó un impuesto a la herencia. Durante ese período, se impuso el primer impuesto sobre la renta personal en la historia de los Estados Unidos ...
> - Andrew Napolitano, *La Constitución en el exilio*

Mayor erosión de nuestra república

El siglo XX trajo una continuación de este camino descendente, con las tres ramas del gobierno contribuyendo al declive. Ciertos presidentes, como Woodrow Wilson, Franklin D. Roosevelt y Lyndon Johnson, abrieron las compuertas al socialismo en Estados Unidos. La Corte Suprema contribuyó significativamente al ignorar nuestro estado de derecho histórico, al reinterpretar la ley y al rediseñar todo el sistema judicial ante nuestros ojos. El Congreso también ha sido cómplice al negarse a seguir la Constitución y mantener a raya a las otras ramas del gobierno.

Estados Unidos ha sido conducido a esta dominación federal por la manipulación y tratos secretos a escondidas. La creación del Banco de la Reserva Federal, junto con la supuesta aprobación de la Enmienda 16, llevó a Estados Unidos a la banca centralizada y al impuesto sobre la renta personal. La introducción de programas de bienestar masivos controlados por el gobierno bajo FDR nos llevó al socialismo. La Gran Depresión y las dos guerras mundiales se utilizaron como excusa y disfraz. La fallida Liga de las Naciones finalmente fue reemplazada por las Naciones Unidas, que, junto con muchas otras organizaciones como el Banco Mundial, la Organización Mundial de la Salud y otras, prepararon el escenario para futuras búsquedas del globalismo. Nuestra culpa ha sido quedarnos de brazos cruzados y creer las mentiras.

Entre bastidores

La mayoría de los estadounidenses desconocen la historia o el impacto que muchas personas o grupos han tenido en nuestro país entre bastidores. Las dinastías bancarias familiares, como los Medicis, Fugger y los Rothschild, han dominado el mundo de las finanzas durante siglos. A medida que estas tendencias se extendieron a Estados Unidos, los grandes conglomerados como MM Warburg & Co., el Banco de Inglaterra, los Rockefellers y Standard Oil Co., JP Morgan, Chase Bank, Kuhn-Loeb & Co. y otros han extendido sus tentáculos a través de los Estados Unidos. tierra.

Entrelazados con los poderes bancarios están las sociedades clandestinas que han envuelto sus actividades e influencia en un relativo secreto. Entre otros, estos grupos incluyen a los Illuminati, los masones, la Sociedad Skull and Bones, el Grupo Bilderberg, el Consejo de Relaciones Exteriores y la Comisión Trilateral. Los intentos de exponer la influencia que estos grupos ejercen sobre el gobierno a menudo han sido tildados de "teorías de la conspiración" para desviar la atención de ellos. El resultado es que estas sociedades siguen siendo relativamente desconocidas o incomprendidas por el público. Se nos dice con desdén que estas organizaciones son inofensivas y que cualquier intento de exponer su verdadera naturaleza es hecho por fanáticos con ojos desorbitados. Sin embargo, su larga existencia e influencia, así como sus conexiones y secretos, nunca se explican. Para cualquier persona que indague más allá de la superficie, hay propósitos y objetivos obvios que se superponen y se entremezclan. En realidad, estos grupos han ejercido una influencia desproporcionada sobre nuestro gobierno.

Exponiendo a la Reserva Federal

Muchos sienten que el corazón de la bestia que amenaza a nuestra República es el Banco de la Reserva Federal. Contrariamente al entendimiento popular, este cartel bancario NO es parte del gobierno de los Estados Unidos; más bien es una corporación privada controlada por un grupo de élite de banqueros mundiales. Crea dinero de la nada y luego se lo presta al gobierno de los Estados Unidos mientras cobra intereses. Su objetivo final es manipular y controlar la economía mundial.

La mera existencia de la Reserva Federal es un claro abandono de la Constitución y la responsabilidad del gobierno. Aunque el presidente nombra al presidente de la Fed, con la aprobación del Congreso, la Constitución no le da al presidente o al Congreso la autoridad para abdicar de sus poderes a otra rama o agencia. Además, las decisiones y prácticas de la Fed no son ratificadas ni supervisadas por el gobierno. Nunca han sido auditados, hecho que por sí solo debería suscitar una gran sospecha. Nuestro propio gobierno se ha convertido en esclavo de la Reserva Federal.

La Reserva Federal afirma que nadie lo posee. Sin embargo, tiene el control centralizado del sistema bancario estadounidense a través de doce bancos regionales y la propiedad de estos bancos está nublada por el secreto. Para empeorar las cosas, el Congreso ha otorgado en repetidas ocasiones a la Reserva Federal autonomía para llevar a cabo sus operaciones diarias con aislamiento de la presión política o la rendición de cuentas.

¡Para liberar al pueblo estadounidense, la historia y las operaciones de la Reserva Federal deben ser expuestas y luego debe ser completamente erradicada de los Estados Unidos!

No se interponga en el camino del 'progreso'

Una red de engaños frecuentemente ha velado el movimiento y las decisiones de nuestros líderes nacionales. Mediante legislación disfrazada, acuerdos tras bambalinas y fraude y corrupción descarados, se ha engañado a los estadounidenses para que permitan cambios fundamentales en nuestros ideales originales. Incluso cuando hemos estado dispuestos a sacrificarnos, luchar y morir por nuestro país, nos han engañado, se han aprovechado de nosotros y nos han despojado gradualmente de nuestros derechos, en capas tan finas que en el día a día ha sido difícil. aviso.

A lo largo de los años, nuestro gobierno federal se ha expandido gradual y sistemáticamente, consumiendo cada vez más tierras, recursos y libertades de Estados Unidos. Las apropiaciones de tierras federales han dado como resultado que un gran porcentaje del suelo estadounidense sea propiedad y esté controlado por nuestro propio gobierno o por extranjeros. Al mismo tiempo, los acuerdos comerciales y bancarios internacionales han vendido un gran número de empleos e intereses comerciales estadounidenses a naciones o empresas extranjeras. Lo que nos dicen es exactamente lo que las autoridades quieren que creamos.

> A medida que más empleos se trasladen al extranjero, Estados Unidos puede perder a la clase media económicamente más exitosa en la historia del mundo.
> - Jerome Corsi, *El difunto gran Estados Unidos*

Y aquí estamos

En la mente de muchos, Ronald Reagan fue el último presidente estadounidense en defender los valores estadounidenses tradicionales. Sin embargo, incluso él fue inconsistente a veces y no pudo detener la marea abrumadora de secularismo, humanismo y liberalismo. Por supuesto, no se puede culpar a nadie por esta ola de compromiso y suciedad. Muchos otros políticos, los tribunales, la iglesia y, en última instancia, todos los estadounidenses que permanecieron en silencio o se quedaron de brazos cruzados son en parte responsables de dónde nos encontramos hoy.

Las presidencias posteriores de ambos Bush, emparedadas con la de Bill Clinton, han llevado a nuestra nación a nuevos mínimos. Estados Unidos estaba preparado para la entrada del globalismo y el Nuevo Orden Mundial, la oficina del presidente fue vergonzosamente deshonrada y nuestra nación fue conducida a una volátil 'guerra contra el terror' con falsos pretextos. Los tres continuaron violando la Constitución en todo momento, sin embargo, a pesar de su presunto poder e influencia, eran meros títeres que cumplían los deseos de un gobierno en la sombra misterioso e invisible.

Ahora, con Barack Obama como presidente, nos hemos disparado a la velocidad del turbo y ahora nos estamos hundiendo rápidamente en el abismo del socialismo y en un total desprecio por la Constitución. Si esto no se detiene, pronto seremos testigos de un verdadero y total 'Cambio de imagen estadounidense'. Parece bastante claro que a la gran mayoría de los políticos estadounidenses y de la población en general no les importa en lo más mínimo el hecho de que Barack Obama no puede (o no querrá) presentar un certificado de nacimiento válido para demostrar que es un ciudadano estadounidense nato. Su historia personal, formación, políticas y visión de América son la culminación y una extensión más de este deslizamiento hacia la tiranía.

Al entrar en el siglo XXI, Estados Unidos se enfrenta a problemas complejos, muchos de los cuales son creación nuestra. La estupidez financiera y la mala gestión nos han llevado al borde del colapso económico. Una política exterior incoherente y excesivamente extendida pone a nuestra gente en grave riesgo. Y la creciente lucha interna ahora amenaza con dividir a Estados Unidos. Mientras nuestro gobierno intenta lidiar con estos muchos problemas, nos encontramos corriendo a una velocidad vertiginosa para convertirnos en un estado policial totalitario. La vibración que puede sentir bajo sus pies es la de nuestros Padres Fundadores revolviéndose en sus tumbas.

¿Cambiar libertad por seguridad?

En este mundo posterior al 11 de septiembre, nuestros líderes con frecuencia intentan manipularnos, a través del engaño y el miedo, para que intercambiemos nuestros derechos otorgados por Dios por la provisión, protección y seguridad del gobierno. Debemos reconocer este intercambio por lo que realmente es: simplemente un medio para controlarnos. En el proceso, siempre nos sangrarán por cada dólar que puedan conseguir para financiar sus programas y llenar sus propios bolsillos. Esto es lo que hacen las sanguijuelas y los parásitos. Está en su propia naturaleza. ¡No debemos cansarnos nunca de exponerlos y resistirlos!

> Aquellos que renuncian a las libertades esenciales por una seguridad temporal no merecen ni libertad ni seguridad.
> - Benjamin Franklin

Espeluznantes paralelos con la Alemania de Hitler

Muchos han notado los paralelos significativos con el surgimiento de la Alemania nazi que son cada vez más observables en los Estados Unidos. Por supuesto, esto sorprenderá a muchos estadounidenses que ingenuamente se aferran a la idea de que nunca permitiríamos que esto suceda aquí. Si bien puede que nos falte el ímpetu de una gran crisis nacional en este momento, no obstante, estamos marchando por un camino similar. Es solo cuestión de tiempo hasta que llegue la crisis.

> Hitler se consideraba a sí mismo el superhombre de la filosofía de Nietzsche. Se regocijó de que la doctrina de Dios que siempre se había interpuesto en el camino de la brutalidad y el engaño ahora hubiera sido eliminada. Una vez que el hombre reemplazó a Dios, el camino estaba despejado para que la súper raza de Nietzsche, dirigida por un superhombre, dominara el mundo.

> Quizás ahora podamos comprender mejor los campos de concentración. Las ideas tienen consecuencias, y la noción de que Dios estaba muerto liberó a los humanos para que hicieran lo que quisieran. Con Dios abatido, el hombre era libre de levantarse y perseguir su codicia desenfrenada de poder ... Se ha dicho que después de que Dios murió en el siglo diecinueve, el hombre murió en el veinte. Porque cuando Dios está muerto, el hombre se convierte en una bestia indómita. - Erwin Lutzer, *Cruz de Hitler*

Adolf Hitler aprovechó una oportunidad tras la derrota de Alemania en la Primera Guerra Mundial y la posterior Gran Inflación, para jugar con los temores del pueblo alemán. Él despertó su sentido del destino nacional y los reunió en torno a promesas de seguridad, cambio, restauración y grandeza. Hizo esto mientras al mismo tiempo los despojaba de su fe y moralidad. Las multitudes, ajenas a lo que realmente estaba sucediendo, fueron conducidas ciegamente por un camino hacia el totalitarismo y la matanza.

Aquí en Estados Unidos, los rápidos aumentos en las medidas de seguridad y vigilancia, la represión de los disidentes, los funcionarios no electos que dictan importantes políticas nacionales y vastos programas gubernamentales diseñados para inhibir aún más nuestras libertades personales, se han generalizado en todo Estados Unidos. El pueblo estadounidense también está, en su mayor parte, dormido y dócil, al igual que el pueblo alemán en esa época.

Detener el deslizamiento hacia la tiranía

> ¿Nos teme el gobierno? ¿O le tememos al gobierno? Cuando la gente teme al gobierno, la tiranía ha encontrado la victoria. ¡El gobierno es nuestro sirviente, no nuestro amo! - Thomas Jefferson

En la mente de Jefferson, y de muchos de nuestros Padres Fundadores, la existencia y realidad de esta tensión requería una vigilancia constante por parte de Nosotros, el Pueblo y nuestra defensa voluntaria de la libertad a toda costa. De lo contrario, el mal y la corrupción dentro de la naturaleza humana, manifestados a través de los gobiernos humanos, eventualmente nos despojarían de nuestras libertades y amenazarían nuestros derechos inalienables.

> El árbol de la libertad debe refrescarse de vez en cuando con la sangre de patriotas y tiranos. - Thomas Jefferson

Capítulo tres

Una nación a la deriva

Existe una alternativa a la bancarrota nacional, un estado policial más grande, guerras de billones de dólares y un gobierno que recurre cada vez más parasitariamente a las energías productivas del pueblo estadounidense. Se llama libertad. - Ron Paul, *La revolución: un manifiesto*

A la deriva en un mar turbulento

Estados Unidos se ha convertido en un barco perdido en el mar, impulsado por vientos feroces, tormentas y corrientes cambiantes. Hemos perdido nuestro camino. En estos tiempos turbulentos, nos hemos olvidado de dónde venimos y no estamos seguros de hacia dónde vamos. En lugar de soñar, ser pioneros e inventar, la mayoría de nosotros vivimos en modo de supervivencia, simplemente reaccionando a lo que sucede a nuestro alrededor. Nuestros numerosos avances, avances y tecnologías no nos han librado de la ansiedad, el miedo o el dolor. Hemos asumido esta mentalidad de supervivencia porque ya no podemos ver la tierra que nuestros antepasados soñaron hace tanto tiempo. Nuestra fuerza, coraje y fortaleza moral se han estirado casi al límite, y nuestros enemigos están parados junto a la puerta.

A lo largo de nuestro viaje por Estados Unidos, nos hemos encontrado con muchas tormentas que han puesto a prueba nuestro carácter y nuestros valores. Hemos enfrentado estas tormentas con notable fuerza y resistencia. Sin embargo, a lo largo de los años, nuestra vista se ha vuelto borrosa, nuestras convicciones se han erosionado y nuestra resolución se ha debilitado gravemente. Nuestras respuestas a los cambios en el mundo y los avances increméntales de la opresión del gobierno han cobrado su precio.

También hemos sido asaltados con frecuencia por piratas y atacados por tiburones, hombres ambiciosos, codiciosos y sin escrúpulos que solo buscan mayor riqueza y poder para sí mismos. Nos hemos convertido en sus súbditos, esclavizados en todos los sentidos de la palabra. Sin embargo, muchos de nosotros no nos damos cuenta de esto, porque ha sido velado por el engaño. A merced del viento y las olas, seguimos adelante, enfrentándonos a los peligros del mar. Oprimidos y atacados a cada paso, luchamos con la débil esperanza de que de alguna manera las cosas mejoren.

Sin ancla y con una brújula rota, Estados Unidos ahora se adentra en la niebla de un futuro incierto. Paralizados por el relativismo y la corrección política, ya no somos capaces de distinguir entre el bien y el mal. Hemos perdido tanto nuestro amarre como nuestro sentido de propósito y dirección. Aferrándose débilmente a los recuerdos de la grandeza anterior, los Estados Unidos de América ahora luchan por encontrar su lugar en un mundo diferente.

> Sin lugar a dudas, Estados Unidos es diferente después del 11 de septiembre. Vivimos en una época de miedo. Poco después de los trágicos eventos de ese horrible día, la Ley Patriota se improvisó rápidamente. Desafortunadamente, en nuestro miedo, permitimos que se aprobara la versión final de la ley a pesar de que es directa y profundamente ofensiva para nuestra Constitución ...
>
> ... Los que están en el gobierno no se sienten limitados por la Constitución. Creen que pueden hacer lo que quieran. Han contratado a vastos equipos de abogados del gobierno para tergiversar y torturar el significado llano de la Cuarta Enmienda para justificar su engrandecimiento del poder ante ellos mismos.
> - Andrew Napolitano, *La Constitución en el exilio*

Demasiado gris

El mundo de hoy está lleno de gris. Cada vez es más difícil ver en blanco o negro, distinguir el bien del mal. Los absolutos morales han cedido al relativismo. Los valores e ideales estadounidenses han sucumbido a un compromiso interminable y a la corrección política.

Bombardeados cada día con mentiras, engaños y escándalos, nos vuelto insensibles y encallecidos. Para empeorar las cosas, la mayoría de nosotros hemos optado por mirar hacia otro lado.

> Los estadounidenses se han cansado de sus responsabilidades y nuestro gobierno ha estado ansioso por aliviarnos de esas cargas ... Al permitir que el gobierno asuma nuestras responsabilidades, gradualmente hemos cedido muchos de nuestros derechos. - Michael Badnarik, *Bueno para ser rey*

Jugando al juego de las conchas

Las escapadas diarias de los que están en el poder a menudo me recuerdan a jugar al juego de la cáscara. Ya sabes, ¿el juego en el que alguien maniobra hábilmente tres proyectiles tan rápido que no puedes recordar cuál contiene la piedra oculta? Los movimientos y cambios son tan rápidos y engañosos que una persona normal no puede seguir el ritmo.

¿Es nuestra economía ... o nuestra política exterior? ¿Quizás es política ... alguna nueva crisis ... o una posible amenaza terrorista? ¿Quién sabe? Seguimos adivinando y distraídos, mientras los que controlan el juego continúan desplegando sus tratos secretos y esquemas predeterminados. El resto de nosotros nos mareamos y seguimos tratando de pagar las cuentas.

El ciclo de vida de las grandes culturas

Hay un final predecible para una sociedad que pierde el rumbo en esta niebla. La historia nos muestra esto repetidamente. Cada gran imperio finalmente se vino abajo y fue conquistado. ¿Nos atrevemos a pensar que Estados Unidos es inmune? Babilonia, Egipto, los mayas, incas y aztecas, China, Grecia, Roma, la Unión Soviética y muchos otros regímenes se han derrumbado, ya sea por la decadencia interna o por ser invadidos por un poder emergente más fuerte.

Cuando la nación de Israel llegó al final de este terrible ciclo, los profetas se levantaron en diferentes momentos para declarar al pueblo:

> ¡Ay de los que llaman al mal bien y al bien mal! que sustituyen las tinieblas por la luz y la luz por las tinieblas; que sustituyen lo dulce por lo amargo y lo amargo por lo dulce. - Isaías 5:20

> ¡Ay de aquel que edifica su casa sin justicia y sus aposentos sin justicia, que usa los servicios de sus vecinos sin paga y no le da su salario ... Pero tus ojos y tu corazón están atentos solo a tu ganancia deshonesta, y a derramar inocentes! sangre y en practicar la opresión y la extorsión. - Jeremías 22:13, 17

> En ti han recibido sobornos para derramar sangre; Has tomado intereses y ganancias, y has ofendido a tus vecinos para ganar con opresión, y te has olvidado de mí, declara el Señor Dios. - Ezequiel 22:12

> Sí, la destrucción y la violencia están ante mí; la contienda existe y surge la contienda, por lo tanto, la ley es ignorada y la justicia nunca se mantiene, porque los impíos rodean a los justos; por tanto, la justicia sale pervertida. - Habacuc 1: 3-4

Hoy en día, nuestros líderes recurren con frecuencia a tácticas de engaño y miedo para manipularnos y permitir sus planes. Se aprovechan de nuestras debilidades naturales. Este comportamiento desde arriba hace que otros se comporten de la misma manera. ¡Entonces nuestra tierra se llena de injusticia y opresión! Ya no estamos inspirados por la grandeza y el buen camino, gradualmente somos devorados por nuestros instintos básicos.

> La alternativa consiste en una carga financiera cada vez mayor, más medidas estatales policiales y una serie interminable de guerras, lanzadas a los estadounidenses sobre la base de la propaganda ahora familiar y financiadas con más préstamos, impuestos más altos y más dinero impreso de la nada. aire. El colapso del dólar no se quedará atrás.

> El juego del imperio que nuestro gobierno ha estado jugando está llegando a su fin de una forma u otra. Este es el destino de todos los imperios: se exceden y luego sufren una catástrofe financiera, que generalmente implica la destrucción de la moneda.
> - Ron Paul, *La revolución: un manifiesto*

América al borde

Nuestras instituciones legales, financieras y gubernamentales solo pueden mantener nuestro sistema apuntalado durante un tiempo. Tanto la historia como el sentido común gritan las señales de advertencia de un sistema extendido hasta el punto de ruptura.

> Una sociedad se vuelve totalitaria cuando su estructura se vuelve flagrantemente artificial. Es entonces cuando su clase dominante ha perdido su función pero logra aferrarse al poder por la fuerza o el fraude.
> - George Orwell, *La prevención de la literatura*

En el centro de este sistema corrupto y artificial, encontramos la raíz del problema: la lujuria y la codicia; una sed de poder y control que es insaciable y consume todo a su paso.

> El poder tiende a corromper y el poder absoluto corrompe absolutamente. Los grandes hombres son casi siempre malos. - Lord Acton, en una carta al obispo Mandell Creighton, 1887

Esta corrupción es tan profunda en Washington, DC que ahora se filtra a los niveles estatal y local en todo el país.

> Ese es el meollo del asunto del Congreso sobornando a los estados. El Congreso está facultado por la Constitución para gravar y gastar, pero el Tribunal ha determinado que "en relación con este poder, el Congreso puede imponer condiciones a la recepción de los fondos federales..."

> Probablemente esté pensando que si el soborno de funcionarios federales es ilegal, entonces el soborno por parte de funcionarios federales debería ser ilegal. ¿Cómo pueden los miembros del Congreso sobornar a los funcionarios estatales? ¡El punto del estatuto federal contra el soborno es que no pueden! Sin embargo, condicionar la recepción de fondos federales al cumplimiento de los deseos del Congreso es esencialmente un soborno con una hoja de parra constitucional.
> - Andrew Napolitano, *La Constitución en el exilio*

Para compensar sus propios fracasos e ineptitudes, los abogados, jueces y funcionarios gubernamentales recurren a castigar a los inocentes y capacitar a los infractores de la ley. Nuestro sistema financiero, nuestras agencias de aplicación de la ley y nuestro sistema judicial se han vuelto extremadamente complicados. Cada vez más, las regulaciones e impuestos del gobierno draconiano se acumulan sobre nosotros. Los resultados son restricciones más estrictas y asfixiantes violaciones de nuestros derechos personales.

> El gobierno no es la solución a nuestros problemas. El gobierno es el problema. - Presidente Ronald Reagan

Es por eso que nos dirigimos hacia un desastre nacional, y por qué nuestra única esperanza real es limpiar completamente la casa de gobierno y restablecer la gobernanza constitucional en nuestra nación. Cualquier otra cosa solo prolongará nuestra agonía y fortalecerá las cadenas de nuestra esclavitud.

> Hoy nos enfrentamos a la posibilidad de que los Estados Unidos de América no duren mucho. Nuestra soberanía nacional está en peligro de verse comprometida a favor de un gobierno regional emergente, diseñado por la élite, por la élite y para la élite, que están trabajando para lograr ambiciones globales en la búsqueda de riqueza y poder para ellos mismos. - Jerome Corsi, *The Late Great USA*

Trazando un nuevo rumbo

¡Es hora de enviar un SOS! Los estadounidenses deben volver a encontrar nuestro ancla y reparar nuestra brújula, para que podamos trazar un nuevo rumbo juntos. ¡Pero se nos está acabando el tiempo y debemos actuar ahora!

Mientras nos esforzamos por restablecer la libertad personal y el gobierno constitucional en todo el país, continuaremos enfrentándonos a tremendos obstáculos y crecientes presiones. Perseveramos para recuperar nuestra nación con claridad de visión y el coraje de verdaderos patriotas.

> Aférrense, amigos míos, a la Constitución y a la República que representa. Los milagros no se agrupan, y lo que ha sucedido una vez en 6.000 años, puede que no vuelva a suceder. Aférrense a la Constitución, porque si la Constitución estadounidense fracasa, habrá anarquía en todo el mundo. - Daniel Webster

Capítulo cuatro

Ciudadanos y Patriotas

La ciudadanía y el patriotismo pueden entenderse de muchas formas diferentes. Uno de los principales objetivos de este libro es persuadirle de que crea que aquí en Estados Unidos estos términos deben ser muy apreciados, cercanos al corazón, y que no nos atrevemos a tomarlos a la ligera o, de lo contrario, es muy posible que perdamos las libertades por las que nuestro los antepasados sangraron y murieron.

Durante la Revolución Americana, los colonos poseían un espíritu incondicionalmente independiente. Eran individualistas duros que conocían el significado del trabajo duro, el sacrificio personal y el sufrimiento. En ese contexto, se tuvo en alta estima la libertad personal y el espíritu de resistencia a la tiranía encontró un terreno fértil.

En la América moderna, la mayoría de nosotros hemos crecido en un entorno relativamente cómodo, sin muchas dificultades o luchas en comparación con la mayor parte del mundo. Hemos dado por sentado las muchas bendiciones que son nuestras, y durante un período de tiempo nos hemos permitido volvernos ignorantes y complacientes. En conjunto, nos hemos distanciado y no recordamos ni apreciamos nuestra propia historia.

Las generaciones recientes han sido testigos del colapso gradual de la moralidad dentro de nuestra sociedad. Las presiones financieras adicionales sobre las familias, la feminización de nuestra cultura y la confusión de los roles de género han contribuido a la rápida desintegración de la familia. Muchos de los que ahora residen en Estados Unidos son extranjeros culturales; ya sean nativos, inmigrantes legales o extranjeros ilegales, no poseen el verdadero espíritu de Estados Unidos. Para ser franco, una gran mayoría de nuestra gente es ahora pasiva, perezosa y estúpida cuando se trata de entender lo que significa ser un verdadero estadounidense.

Diferentes visiones del mundo

Una 'cosmovisión' es muy simplemente la lente a través de la cual vemos la historia humana y la sociedad. Es el marco que establece cómo evaluamos o interpretamos el bien y el mal, los eventos de la historia y el significado o propósito de la vida misma. Por supuesto, existen muchas visiones del mundo diferentes en todo el planeta, todas moldeadas por siglos de tradición y experiencia humanas. Nuestras esperanzas y sueños individuales y corporativos giran en torno a nuestra cosmovisión particular.

Para muchos en todo el mundo, la vida no es más que un ciclo interminable de renacimiento y muerte. Otros ven la vida principalmente a través del orgullo y las tradiciones familiares o culturales. La filosofía y la religión también juegan un papel importante en la configuración de las cosmovisiones de las personas y las culturas.

Para algunos, la cosmovisión no es mucho más que una experiencia limitada de su propia tribu o cultura, una de autopromoción o preservación. Otras sociedades han tenido la motivación y la capacidad para extender su influencia sobre otras porque su visión del mundo incluía un alcance más amplio.

El Islam militante se basa en una cosmovisión que es tan antigua como el tiempo mismo, una basada en el prejuicio extremo, la superioridad étnica y religiosa y una completa intolerancia o aceptación de otros puntos de vista. El Islam, por su propia historia, enseñanzas y prácticas, no es una religión de paz, sino de exclusividad, dominación y conquista. Y esto se lleva a cabo con barbarie y despiadado abandono de la autoestima y la dignidad humanas.

El socialismo, el fascismo y el comunismo son todas ideologías que también representan cosmovisiones particulares. Si bien prometen igualdad para todos y justicia para el hombre común, en realidad estos sistemas brindan el gobierno de una clase elitista. La injusticia, la pérdida de la libertad y la responsabilidad personales y todos los incentivos a la excelencia siguen de cerca.

Los otros manifiestos

Mientras pensaba en escribir un manifiesto para los patriotas estadounidenses, a menudo pensaba en los otros manifiestos que han aparecido antes: el Manifiesto Comunista, los Manifiestos Humanistas e incluso el Manifiesto Cristiano, que a menudo se citan en este libro. Cada manifiesto explica una cosmovisión diferente; por ejemplo, el *Manifiesto Comunista* propone:

1. Abolición de propiedad en la tierra y de todos alquila de la tierra para fines públicos.
2. Pesado progresivo o impuesto sobre la renta graduado.
3. Abolición de todo derecho de herencia.
4. Confiscación de la propiedad de todos emigrantes y rebeldes.
5. Centralización de crédito en manos del Expresar, por medio de un Banco Nacional con el estado capital y un exclusivo monopolio.
6. Centralización de los medios de comunicación y transporte en manos del Estado.
7. Extensión de suerte y instrumentos de producción propiedad del Estado; el traer a cultivo de tierras baldías, y la mejora de la tierra generalmente de acuerdo con un plan común.
8. Igual responsabilidades todos al trabajo. Establecimiento de industrial-ejércitos, especialmente para agricultura.
9. Combinación de agricultura con fabricación industrias; abolición gradual de la distinción entre pueblo y país, por una forma más equitativa distribución de la población por todo el país.
10. Educación gratis para todos los niños en escuelas publicas. Abolición de trabajo de fábrica de niños en su forma actual. La combinación de la educación con la producción industrial.
    - *Los Diez Tablones del Manifiesto Comunista,* Karl Marx y Friedrich Engels

Los Manifiestos Humanistas revelan otra cosmovisión más:

Hoy en día, la comprensión más amplia que tiene el hombre del universo, sus logros científicos y una apreciación más profunda de la hermandad han creado una situación que requiere una nueva declaración de los medios y propósitos de la religión. Una religión tan vital, intrépida y franca, capaz de proporcionar las metas sociales adecuadas y las satisfacciones personales, puede parecer a muchas personas como una ruptura total con el pasado. Si bien esta época tiene una gran deuda con las religiones tradicionales, no es menos obvio que cualquier religión que pueda aspirar a ser una fuerza sintetizadora y dinámica para hoy debe adaptarse a las necesidades de esta época. Establecer tal religión es una de las principales necesidades del presente. Es una responsabilidad que recae sobre esta generación.
- Del *Manifiesto Humanista I*, 1933.

Ninguna deidad nos salvará; debemos salvarnos a nosotros mismos ... Somos responsables de lo que somos y de lo que seremos … - Del *Manifiesto Humanista II*, 1973

Nuestra lucha por la libertad en los Estados Unidos tiene que ver con visiones del mundo que son diametralmente opuestas entre sí. El conflicto primario se ha convertido en una lucha clásica entre la cosmovisión judeocristiana original de los estadounidenses y la del humanismo secular, que declara que la verdad y los estándares de moralidad son relativos y que el hombre mismo es la autoridad final.

En ninguna parte los resultados divergentes de los dos conceptos totales de la realidad, la cosmovisión judeocristiana y la humanista, han estado más abiertos a la observación que en el gobierno y la ley ... El humanismo, con su falta de una base final para los valores y la ley, siempre conduce a caos. Entonces, naturalmente, conduce a alguna forma de autoritarismo para controlar el caos. Habiendo producido la enfermedad, el humanismo da más del mismo tipo de medicina para curar.
- Francis Schaeffer, *Un manifiesto cristiano*

Estos manifiestos representan una lucha cósmica por la supremacía sobre las mentes y corazones de los seres humanos. Cada sistema de creencias, cada explicación e interpretación propuesta de la historia del hombre, la estructura social y psicológica, todos claman por ser escuchados y aceptados. A esto, agrego mis puntos de vista y sugerencias sobre un punto de vista claramente estadounidense.

Una cosmovisión estadounidense

Walt Whitman, famoso poeta estadounidense, dijo una vez: "El beneficio de nadie debe lograrse a expensas de sus vecinos". Esta declaración refleja claramente un valor estadounidense básico: que debemos ser libres de llevar a cabo nuestra propia vida personal siempre que nuestras acciones no infrinjan los derechos de otra persona. El papel del gobierno no es regular, hacer cumplir, prever, asegurar o garantizar la equidad o la distribución equitativa, sino defender los principios de responsabilidad personal, libertad y la ley.

Estados Unidos se fundó sobre una cosmovisión específica. Si bien reconocemos la existencia y las contribuciones de las diversas sociedades que se han fusionado para formar la cultura estadounidense, también debemos reconocer que nuestra nación y nuestra forma de gobierno se establecieron sobre la base de una cosmovisión judeocristiana distinta. Nuestra nación nació y se hizo grande gracias a esta fundación. Nuestros Padres Fundadores reconocieron claramente la 'Divina Providencia' o la mano guiadora de Dios, a lo largo de este proceso.

Para aquellos que puedan reaccionar a esta idea, esto no implica que nuestros Padres Fundadores estuvieran tratando de establecer una religión en particular o de excluir a otras. Esta declaración está destinada a reafirmar el código moral básico sobre el que se fundó nuestra nación, uno que identificaba nuestros estándares sociales de lo correcto y lo incorrecto. Esto formó la base de nuestra cultura estadounidense y la base de la grandeza. Te guste o no, los Fundadores creían claramente que la continuidad de la virtud era indispensable para el éxito continuo de la república.

Una disolución general de principios y modales derribará más seguramente las libertades de América que toda la fuerza del enemigo común. Mientras la gente sea virtuosa, no puede ser subyugada; pero una vez que pierdan su virtud, estarán dispuestos a entregar sus libertades al primer invasor externo o interno. - Samuel Adams

Establecer un estándar de moralidad

Con frecuencia se argumenta que no podemos 'legislar la moralidad'. A favor de relajar ciertas restricciones, este argumento ignora el hecho de que todas las leyes diseñadas para proteger a los ciudadanos de los abusos dañinos de otros se basan en alguna forma de código moral. En otras palabras, mentir, engañar, robar, adulterio y asesinar son todos claros ejemplos de nuestro sistema social de moralidad.

Un argumento de seguimiento típico se basa en el razonamiento de que las personas deberían tener la libertad de hacer lo que quieran si no perjudica personalmente a otra persona. Esta creencia presupone que de alguna manera podemos romper las leyes de Dios, siempre y cuando lo hagamos en privado, en las sombras o detrás de puertas cerradas. La verdad es que nuestro carácter es inseparable de nuestra conducta. Nuestras elecciones y acciones afectan a otros personalmente, así como a nuestra sociedad indirectamente.

Ambos argumentos se vuelven vacíos cuando consideramos que la cuestión fundamental no es la moralidad per se, sino más bien la versión de moralidad que aceptaremos. Por lo tanto, nos enfrentamos a una elección entre estas visiones del mundo opuestas, y nuestra decisión finalmente afectará nuestro futuro y el de nuestra nación.

Remodelando la imagen del patriotismo

Creo firmemente en mirarme al espejo antes de criticar a los demás. Uno de nuestros primeros pasos debería ser reexaminar lo que creemos sobre el patriotismo. A menudo mal entendido o envuelto en una nube ambigua, el término "patriota" rara vez se entiende correctamente. Aquellos en el poder a menudo malinterpretan el significado deliberadamente para desacreditar a otros que no apoyan sus agendas.

Para muchos estadounidenses, la palabra patriota evoca sentimientos encontrados. Por un lado, sabemos instintivamente que ser patriota es correcto y honorable, pero también nos confunden los cambios culturales y el mal uso de este término. Lo que pocos de nosotros nos damos cuenta es que detrás de escena hay un esfuerzo deliberado por remodelar el pensamiento del pueblo estadounidense. Esto está directamente relacionado con la disminución de las tendencias culturales y educativas, junto con un rápido aumento en el número de inmigrantes que no se están asimilando por completo a nuestra lengua y cultura estadounidenses. Mientras buscamos la aceptación multicultural y una comunidad global, lo hacemos con el riesgo de perder nuestra propia identidad y soberanía nacional.

Patriotismo hoy

Permítame pintar un cuadro de muchos "patriotas" estadounidenses modernos. Para muchos, el patriotismo implica sentimientos cálidos y confusos ocasionales de afecto por nuestra nación. Ondeamos banderas, recordamos las vacaciones y apreciamos a nuestros veteranos, o utilizamos lemas como "Dios bendiga a Estados Unidos" o "apoye a nuestras tropas". Esta forma de patriotismo, aunque agradable, no está profundamente arraigada en nuestros corazones y mentes. No se basa en una comprensión clara de nuestra historia única o los principios de libertad sobre los que se fundó nuestra nación. Como resultado, es poco profundo en el mejor de los casos y se desplazará con el viento o se marchitará bajo cualquier forma de presión.

Un número creciente de estadounidenses, que han estado dormidos durante mucho tiempo, ahora están despertando a lo que está sucediendo en nuestro país. Muchas de estas personas están agitadas, incluso enojadas, pero aún no tienen una comprensión firme de nuestra historia, la Constitución o los principios básicos de la libertad. Como tampoco saben lo que ha sucedido en la comunidad patriota durante los últimos 20 o 30 años, gravitan ingenuamente hacia el activismo político, ya que perciben que esta es la mejor manera de involucrarse. Esta respuesta representa un enfoque poco informado o superficial de una profunda crisis nacional.

En este momento, es una locura estar ocupados con los intentos de elegir nuevos políticos, que supuestamente invertirían las tendencias de un sistema político completamente inepto, corrupto y quebrado. De acuerdo con la definición moderna de locura que se repite a menudo, ¿cómo podemos esperar resultados diferentes mientras nos aferramos a las mismas ideas y prácticas gastadas?

> Libertad significa no solo que nuestra actividad económica debe ser libre y voluntaria, sino que nuestro gobierno debe mantenerse al margen de nuestros asuntos personales también ... La guerra contra el terrorismo ha despertado a más estadounidenses que nunca a la forma en que el gobierno explota el miedo, e incluso el suyo. fracasos, para justificar la erosión de nuestras libertades civiles. - Ron Paul, *La revolución: un manifiesto*

Trabajar a través de los canales políticos o legales existentes ha producido algunas victorias menores; pero, en general, estos esfuerzos han sido ineficaces para cambiar la marea abrumadora. Esto debería ser obvio a estas alturas. Quejarse o repetir lo que ya sabemos tampoco salvará a nuestra República. ¡El tiempo no está de nuestro lado en este momento! Ahora debemos afrontar estas realidades y avanzar juntos con ideas y planes nuevos y frescos.

Por el contrario, los verdaderos patriotas son aquellos que aman a su país, profunda y apasionadamente. Son personas que comprenden nuestra historia y abrazan los valores estadounidenses fundamentales; alguien que se opondrá a todos los enemigos que amenacen con quitarles lo que han llegado a tener tan caro; una persona que no se compromete ni se rinde. El verdadero patriota surgirá en tiempos de crisis para defender la libertad y morirá si es necesario para preservar nuestra nación para las generaciones futuras.

Comandos de teclado

A veces utilizamos la frase "conductor del asiento trasero" para identificar a alguien que intenta ofrecer consejos de conducción mientras viaja como pasajero. De manera similar, también usamos el término 'mariscal de campo de sillón' para referirnos a personas que, desde un cómodo punto de vista, parecen tener todas las ideas correctas. Dentro de la comunidad patriota, la tendencia creciente en nuestro mundo cargado de Internet es que las personas se atasquen o se atrincheren en los teclados de sus computadoras. Estos pseudo-patriotas, a menudo bien intencionados y sinceros, pasan incontables horas navegando por la web, redactando o reenviando cantidades masivas de correo electrónico. Sin embargo, muchos de ellos parecen reacios a salir de sus cuevas computarizadas. Su frecuente falta de habilidades interpersonales y participación directa ha sido un verdadero obstáculo para el crecimiento del movimiento patriota en Estados Unidos.

Mi experiencia ha sido que, con demasiada frecuencia, estos 'comandos de teclado' no parecen tener tiempo para involucrar a las personas en el mundo real. Son lentos para ofrecerse como voluntarios para trabajos o tareas reales y, como gran parte de nuestra generación actual, a menudo no son diligentes ni confiables cuando lo hacen. Como alguien que es testigo de esto con frecuencia, creo que puedo decir con seguridad que miles de patriotas viven dentro de cajas que están obstruidas con teorías de conspiración, datos triviales e información recirculada. Si incluso una parte de la gran cantidad de tiempo y energía gastados en Internet se invirtiera en un verdadero activismo comunitario y político, piense cuánto más adelante estaría nuestra causa.

Superar la ignorancia y la apatía

La restauración de Estados Unidos está indisolublemente ligada al despertar y la movilización del pueblo estadounidense. Hasta que no logremos el apoyo informado del pueblo y suscitemos la dedicación absoluta de una banda implacable de patriotas, no seremos testigos de un avance real.

En mi primer libro, *La espiral descendente: declive del sueño americano*, golpeé con fuerza la maldición de la apatía que se ha apoderado de nuestra nación. Desde entonces, me complace informar que muchos estadounidenses han comenzado a despertar y a considerar seriamente la difícil situación de nuestra República. Aún así, aún no se ha determinado si este despertar es suficiente o no para cambiar el rumbo.

> Una nación de hombres bien informados a quienes se les ha enseñado a conocer y valorar los derechos que Dios les ha otorgado no puede ser esclavizada. Es en la región de la ignorancia donde comienza la tiranía. - Benjamin Franklin

En Estados Unidos, la ciudadanía debería implicar un papel activo en el proceso de gobierno. Ser un buen ciudadano significa no sentarse y permitir que otros tomen decisiones o dirijan el espectáculo. Debes involucrarte en el proceso siendo educado, activo y vigilante.

El desafío que tenemos por delante

Si alguna vez el movimiento patriota necesita mirarse en el espejo y despertarse, ¡ese momento es ciertamente ahora! No podemos esperar que las masas de estadounidenses incultos y desconectados se den cuenta de repente de lo que está sucediendo, si no aceptamos la responsabilidad de involucrarlos a nivel personal. A menos que asumamos el papel de educadores y motivadores, nuestros conciudadanos seguirán creyendo todo lo que los medios y nuestros políticos les den con cuchara.

Con más de la mitad de la población votante que no vota o que ya acepta los valores socialistas y humanistas, ahora nos enfrentamos a la formidable tarea de educar a nuestros compatriotas estadounidenses, las multitudes que se han alejado de nuestra herencia y forma de gobierno estadounidenses. Ahora nos superan en número con creces, y si no aceptamos este desafío pronto, intentarán ignorarnos por completo y, finalmente, destruirnos. Esto se debe a que nos interponemos en el camino de la transformación que están trayendo a nuestra nación.

Capitulo cinco

Soñando con una nueva América

Llámalo sueño ... o nostalgia ... o idealismo puro, simplemente no puedo evitarlo. Sigo soñando con un Estados Unidos donde la gente vuelva a ser verdaderamente libre. Un país donde las personas experimenten el tipo de libertad que imaginaron nuestros Padres Fundadores. Un lugar donde la gente puede guardar el dinero que tanto le costó ganar. Donde sean responsables de sí mismos y velen por sus conciudadanos.

Históricamente, Estados Unidos ha sido un refugio para inmigrantes y refugios de todo el mundo. Aquí han encontrado una libertad y una oportunidad sin igual. Sin embargo, hoy en día, muchos inmigrantes vienen, no para convertirse en verdaderos estadounidenses, sino porque pueden acceder a nuestro sistema sin sacrificio ni trabajo duro; sin abrazar nuestro idioma, cultura o valores estadounidenses.

Quizás incluso peor, muchos estadounidenses mismos han perdido de vista estos mismos valores fundamentales.

Los días pasan

Todavía recuerdo cuando era seguro para los niños jugar afuera o correr por el vecindario. Hicieron mucho ejercicio y en su mayor parte se destacaron en la escuela y en la vida. En general, sus familias estaban sanas e intactas. Los padres y las madres tenían papeles distintos e igualmente importantes que desempeñar en la familia. Nuestros vecindarios eran lugares más amigables en ese entonces y nuestras comunidades eran mucho más seguras. Recuerdo los días pasados, cuando la educación, la política y la economía no estaban tan constantemente enfocadas en el dinero o en repartirse el pastel de los fondos del gobierno. Una época en la que la gente creía que el trabajo duro era el camino hacia el éxito y la prosperidad. No esperaban que el gobierno se hiciera cargo de ellos ni que otros pagaran por ellos.

Recuerdo los días en que las noticias diarias no estaban llenas de rostros de delincuentes: borrachos, ladrones, asesinos, violadores y abusadores de niños. Esta constante avalancha de actos inconcebibles y repugnantes por parte de la mala vida de nuestra sociedad no es una noticia, sino un recordatorio molesto de la condición de nuestra nación. Además de esto, los frecuentes escándalos de celebridades, líderes comunitarios y políticos se han vuelto tan comunes que nos hemos acostumbrado a estas atrocidades.

Todavía lo recuerdo ... ¿no? Quizás esta América nunca se vuelva a ver. No lo sé con certeza. Pero lo anhelo de todos modos.

Restaurando la virtud y el carácter

Cada vez es más difícil encontrar héroes y modelos a seguir que sean ciudadanos decentes y honrados. Incluso cuando pensamos que hemos encontrado uno, con frecuencia tropiezan y quedan expuestos a algún comportamiento vergonzoso.

Mientras contemplo la restauración de Estados Unidos, me aferro a la opinión impopular y políticamente incorrecta de que la virtud y el carácter deben volver a ser tan frecuentes en nuestra sociedad que estos males ya no serán tolerados. En otras palabras, la luz del buen comportamiento debe brillar en cada rincón e iluminar nuestro camino, al mismo tiempo que exponga a aquellos cuyas acciones son una plaga para nuestras comunidades y nuestra nación.

La libertad y la responsabilidad personales forman la base de nuestra República. Estos dos se equilibran. La responsabilidad personal es el eslabón perdido en nuestra sociedad, y debido a que somos tan escasos, necesitamos más control y regulación por parte del gobierno. ¿Es esto lo que quieres? Si no nos gobernamos a nosotros mismos, o si no tenemos conciencia o normas claras de lo que es bueno y lo que está mal, ¿qué más podemos esperar?

Mantener, sí, incluso exigir estándares más altos es esencial para restaurar la verdadera libertad y la grandeza de Estados Unidos. Nuestros Padres Fundadores entendieron correctamente que la virtud era indispensable para mantener nuestra forma de gobierno.

Liderando el mundo

Sueño con una América que verdaderamente vuelva a liderar el mundo: con el ejemplo, la innovación, la fuerza de la convicción y el carácter.

Estados Unidos se convirtió en potencia mundial liderando el camino en estas áreas. En el camino, hicimos amigos y aliados, construimos puentes de cooperación y nos convertimos en un ejemplo de productividad, equidad y justicia. No retendremos esta estatura sucumbiendo a las tácticas y prácticas de hombres malvados, dictadores o gobiernos del tercer mundo.

Necesitamos vigilarnos a nosotros mismos, no al resto del mundo. ¡Otros nos admirarán una vez más y querrán lo que tenemos si nos comportamos una vez más como verdaderos estadounidenses! En ausencia de un verdadero carácter, no tenemos más remedio que recurrir a la coerción política y económica, la manipulación, el soborno y tratos clandestinos. El uso de la fuerza o la práctica no ética es siempre un signo de deterioro cultural.

Estados Unidos ha sido durante mucho tiempo un líder en compasión y ayuda humanitaria global. Ayudar a los pobres y necesitados es un acto natural para quienes son generosos en espíritu. Los estadounidenses lideran el camino para demostrar compasión cuando personas de todo el mundo sufren desastres naturales o provocados por el hombre. Esto no necesita ser obligatorio a través de impuestos, control o regulación gubernamental. Es una cuestión de corazón. Cuando las personas son libres y virtuosas, ayudarán a otros voluntariamente.

¿Por qué estamos luchando?

Creo que usted también puede recordar cuando Estados Unidos fue a la guerra de manera decisiva, bajo la autoridad constitucional, y luego realmente derrotó a nuestros enemigos. Ha pasado mucho tiempo, pero esas guerras se justificaron y realmente se libraron para preservar nuestra libertad. Nuestra postura internacional fue principalmente defensiva y no asumimos arrogantemente ser el policía de todo el planeta.

Por el contrario, ahora estacionamos nuestras tropas en todo el mundo y nos entrometimos en los asuntos de otras naciones. Ahora nos vemos inmersos en guerras aparentemente interminables, contra enemigos que son muy inferiores; y no tenemos un propósito claro ni un compromiso profundo para ganar. Esto se debe a que ahora estamos manipulados por las agendas ocultas y los motivos ocultos de quienes están en el poder o controlan las finanzas.

Para 'hacer que Estados Unidos sea un lugar seguro', ahora penalizamos y castigamos a nuestros propios ciudadanos, despojándolos gradualmente de los mismos derechos que afirmamos proteger. Mientras mantenemos la ilusión de centrarnos en criminales, terroristas y enemigos extranjeros, colocamos un yugo más pesado de carga financiera y tiranía sobre nuestro propio pueblo.

Líderes reales

Sueño con líderes estadounidenses que sean ejemplos genuinos para la gente, líderes que se sacrifiquen, nos inspiren y nos motiven a vivir de una manera mejor, a la manera estadounidense. ¿No es esto posible? ¿No podemos encontrar líderes en los que podamos confiar? ¿De quién carácter y comportamiento desinteresado nos hace querer seguirlos? ¿Realmente tenemos que aceptar y tolerar estos estándares sub-americanos y este ciclo interminable de deshonestidad y doble lenguaje?

Puede que esté loco, pero aun así considero las posibilidades de los funcionarios electos que son verdaderos estadistas, no políticos de carrera que viven en un entorno tan incubado que se separan de la gente y se vuelven completamente corruptos. En mi mundo imaginario, en lugar de abusar de su poder y extraer su sustento de la gente, en realidad vivirían a nuestro nivel, como parte de nuestras comunidades. Realmente nos representarían. Y cuando se completara su breve tiempo de servicio en el gobierno, regresarían a casa para ser una parte productiva de nuestra sociedad una vez más.

Todo empieza en casa

Mi sueño me lleva de regreso a un lugar donde las personas comprenden y aceptan la responsabilidad personal. En lugar de culpar a los demás, actuar como víctimas o mendigos, las personas asumirían la plena responsabilidad de sus propias vidas y su futuro. No buscarían ni esperarían dádivas, asistencia social y atajos.

En esta América renovada, la ley sería clara y sencilla. Violas la ley, sufres las consecuencias, punto. Viviríamos en una sociedad que no estuviera impulsada por ganancias monetarias, sino por los principios de equidad y justicia. No habría más laberintos judiciales, juicios frívolos, acuerdos de culpabilidad e interpretaciones subjetivas y en constante cambio de la ley.

Encontrar nuestro futuro en el pasado

A veces, el mejor camino a seguir es el antiguo. Podemos aprender de la historia y de nuestros propios errores, si colectivamente cambiamos de opinión.

Y así sale la llamada, a todos los que escuchan:

> Párate en la encrucijada y mira; pregunten por los senderos antiguos, pregunten dónde está el buen camino,
> y anden por él, y encontrarán descanso para sus almas.
> - Jeremías 6:16, Nueva Versión Internacional

El sueño sigue vivo

Y así sigo soñando, con un Estados Unidos donde la gente sea libre de innovar, trabajar con diligencia y conservar el fruto de su trabajo duramente ganado. Una nación donde el trabajo duro, la creatividad y la innovación son recompensados y no desanimados o castigados con mayores impuestos y la redistribución de la riqueza.

El latido del corazón de los verdaderos patriotas estadounidenses de hoy es traer de vuelta este sueño. La única forma de hacerlo es restaurar estos valores y la gobernanza constitucional en nuestra nación. Espero sinceramente que tengamos la determinación y el tiempo necesarios para hacerlo.

Capitulo seis

Encontrar un terreno común

Estados Unidos hoy enfrenta desafíos que amenazan nuestra estabilidad, prosperidad y futuro como nación. Al mismo tiempo, desde muchas direcciones diferentes, nos enfrentamos a un gasto, una deuda y una agitación interna masivos y alucinantes. Este tipo de 'cambio' nos está catapultando hacia el socialismo, la globalización y el desastre a una velocidad imprudente.

¿Los problemas que enfrentamos como nación son meramente circunstanciales o forman parte de un ciclo económico o político normal? Nuestros líderes dicen ser expertos y los mejores para sacarnos de este lío. ¿Debemos creer que son sinceros y que realmente desconocen lo que está sucediendo? ¿Es la respuesta al gasto y la deuda fuera de control realmente más gasto y un gobierno más grande? ¿Deberíamos depositar nuestra confianza en aquellos que realmente han creado la situación en la que nos encontramos ahora? Me pregunto si podría haber otra explicación más plausible.

Estamos en curso de colisión

Cuanto antes aceptemos y aceptemos la triste realidad de que Estados Unidos está en curso de colisión, mejor estaremos. Este curso de colisión está siendo causado por aquellos que tienen la intención de transformar nuestra nación en algo muy diferente a la visión de nuestros Padres Fundadores. Esta es nada menos que una estrategia deliberada, incluso diabólica, para guiar a nuestra nación hacia las cadenas de la tiranía y un gobierno todopoderoso. Existe una profunda brecha entre las visiones del mundo y los valores opuestos de muchos estadounidenses, y al abandonar la visión y los principios de nuestros Padres Fundadores, nuestro gobierno está forzando una confrontación.

Vivimos en tiempos tumultuosos: ignorar esto o desear que simplemente desaparezca solo garantizará nuestra progresiva esclavitud a la tiranía. Muchos expertos financieros independientes están haciendo sonar la alarma, advirtiendo del colapso financiero inminente y total de nuestra economía. Cada semana se considera o se aprueba una legislación que sigue destrozando la Constitución, erosionando nuestras libertades y allanando el camino para un gobierno más dominante y dominante. La cantidad de dinero que discuten con ligereza es asombrosa, y la ocultación engañosa de los verdaderos problemas y motivos es alarmante, por decir lo mínimo.

Afortunadamente, la gente y los Estados están comenzando a hablar y luchar. A través del activismo, la legislación y la protesta, la voz de la gente comienza a elevarse. Con la ayuda de Dios Todopoderoso, el pueblo es, en realidad, nuestra mejor esperanza de supervivencia y restauración de nuestra República. Sin embargo, deben despertarse, en masa. Y deben estar equipados, organizados y profundamente comprometidos con la causa de la libertad para que podamos lograr la victoria.

¡Quizás la luz al final del túnel es que los eventos recientes finalmente están comenzando a despertar al pueblo estadounidense! El surgimiento del movimiento Tea Party y muchos otros grupos patrióticos en los Estados Unidos revela claramente la creciente frustración e ira de la gente. En toda esta gran tierra, millones de patriotas amantes de la libertad no solo se están moviendo, sino que también comienzan a movilizarse para la acción y el cambio real.

No es un problema partidista

Si bien el número de estadounidenses que se despiertan está aumentando, muchos creen ingenuamente que los problemas que enfrenta nuestra nación siguen siendo un problema entre los dos principales partidos políticos. El grito de guerra y los esfuerzos por revitalizar al Partido Republicano no reconocen la corrupción y la maquinaria política que se ha convertido en la marca registrada de ambos partidos durante mucho tiempo. En lugar de centrarse en atacar a los demócratas y devolver a los republicanos al poder, la gente debería examinar la historia y los problemas reales con mayor profundidad. Al hacerlo, pronto se dará cuenta de que ni los demócratas ni los republicanos tienen las respuestas que Estados Unidos necesita. No, esta no es una cuestión partidista, lo único que está en juego con las dos partes es la velocidad a la que volamos por el precipicio hacia la destrucción.

Un serio dilema dentro del movimiento patriota

Con la mejor de las intenciones, muchos individuos y grupos dentro del movimiento patriota gastan incontable cantidad de tiempo, energía y dinero luchando por lograr la menor de las victorias, generalmente en un frente de batalla aislado. Aquí hay una noticia de última hora, amigos: ¡estamos perdiendo la guerra! Debería ser bastante obvio a estas alturas que estos esfuerzos no han cambiado el rumbo ni han disminuido el impulso implacable hacia el globalismo y la tiranía por parte de los banqueros mundiales y nuestro propio gobierno. Nuestra propia desunión es nuestro mayor problema.

> Numerosos grupos están trabajando arduamente para restaurar los principios constitucionales en nuestra nación, pero no existe una unidad general o una estrategia cohesiva entre ellos. La mayoría se centra en un tema en particular, como el aborto, la inmigración ilegal, los derechos de propiedad, los impuestos, etc. Desafortunadamente, esto a menudo se convierte en una batalla interminable para apagar los incendios forestales individuales, y sin un esfuerzo coordinado para despertar al pueblo estadounidense esto no será suficiente para detener el furioso incendio forestal que amenaza con hundir a toda nuestra nación. - Dave Batcheller, *La espiral descendente: declive del sueño americano*

> Todos estamos librando una guerra en muchos frentes, que ha dividido efectivamente nuestras tropas y recursos. Por eso hemos sido tan fáciles de derrotar. Si podemos unir nuestros recursos y aceptar librar esta guerra cultural en un frente y concentrar nuestras energías en un objetivo específico, podemos ser imparables.
> - John Diamond, *El ascenso de América*

Quizás cuando un número suficiente de líderes de estos diversos grupos se despierten y enfrenten la realidad de la crisis inminente en nuestra nación, seremos testigos del surgimiento de un verdadero liderazgo patriota y la movilización del pueblo estadounidense por la causa de la libertad una vez más. Hasta ahora, solo hemos repetido una triste historia de permitir que nuestra visión estrecha, egos y agendas personales causen más escisiones y desunión.

¿Qué podemos hacer?

Incluso la persona promedio en la calle siente que algo anda muy mal en nuestro país. Sin embargo, es necesario romper el agarre paralizante causado por la ignorancia, la apatía y la impotencia. Aparentemente, para muchos de nosotros, solo las consecuencias nefastas o las pruebas severas a nivel personal romperán este control. Para los millones de nosotros que estamos comenzando a despertar, debemos aprender rápidamente los principios de la libertad y luego cómo trabajar juntos, enfocando nuestras energías en las áreas más críticas.

El pueblo estadounidense debe comenzar a creer nuevamente que la voz y el esfuerzo de cada persona sí importan, y que juntos pueden afectar el cambio que se necesita tan desesperadamente. Debemos reavivar la esperanza y avivar las pasiones patrióticas del pueblo estadounidense. ¡Estos tiranos e idiotas deben rendir cuentas por sus acciones!

Debemos cerrar las brechas que nos separan y dividen, ya sea por nuestra edad, raza, opiniones religiosas, ideologías o valores. Históricamente, esta ha sido la cualidad perdurable del espíritu estadounidense y una vez más debemos sacudirnos la negatividad y la indiferencia y estar a la altura de este desafío.

> Educar e informar a toda la masa del pueblo… Son la única confianza segura para la preservación de nuestra libertad. - Thomas Jefferson

Debemos encontrar y enfocarnos en nuestro punto de reunión

En el fragor de la batalla, frente a amenazas y peligros inminentes, los soldados son entrenados para reagruparse en un punto de reunión preestablecido. Allí pueden reorganizarse y planificar su contraataque al enemigo.

Durante años, el movimiento patriota se ha dejado escindir o dividir en una multitud de grupos orientados a problemas, todos tratando de apagar los incendios forestales de las causas que les apasionan. Por importantes que sean estos temas, ahora debemos encontrar un terreno común como compañeros patriotas estadounidenses. Este punto de reunión es, sin duda, los principios fundamentales de nuestros Padres Fundadores, plasmados en la Declaración de Independencia, la Constitución de los Estados Unidos y la Declaración de Derechos. Puede que no estemos de acuerdo en muchas otras cosas, ¡pero en estos puntos debemos estar firmemente unidos! Mi experiencia me ha enseñado que casi todos dentro de nuestro movimiento están de acuerdo en estos valores fundamentales; y que más allá de este punto comenzamos a disentir en numerosos temas. ¡Claramente, estos valores fundamentales pueden unirnos!

Está bien que continuemos nuestras luchas con todas estas causas individuales. Sin embargo, creo que es hora de que veamos el panorama más amplio, uniéndonos en este punto de reunión. Entonces podremos trabajar como uno solo con un espíritu de cooperación y ganar la fuerza y sinergia adicionales del movimiento de masas que se necesitan para poner de rodillas a la tiranía.

Reunirnos de esta manera requerirá que reenfoquemos y establezcamos prioridades, tal vez incluso dejemos de lado nuestras agendas estrechas, proyectos favoritos y egos. Si no lo hacemos, ¡el riesgo de perderlo todo, incluida nuestra república constitucional, es muy real!

El tiempo está sobre nosotros

Ahora es el momento de que los verdaderos patriotas y líderes den un paso al frente. No hay tiempo para repetir interminablemente las causas o los problemas. ¡Debemos cambiar nuestro enfoque hacia la acción y la resistencia! Como fuerza unificada, debemos comenzar ahora la ardua tarea de recuperar nuestro país del gobierno más poderoso y engañosamente corrupto de la faz del planeta.

Con un profundo compromiso con los principios de la libertad y con la pasión ardiente de los verdaderos patriotas, ahora debemos trazar la línea y negarnos a permanecer en silencio o cumplir. Es posible que ya hayamos permitido que las cosas vayan demasiado lejos, pero de esto debemos estar seguros: no podemos ni permitiremos que las acciones locas de nuestros políticos sigan su curso y destruyan a Estados Unidos.

¿Te pondrás de pie ahora? ¿Se unirán en torno a estos valores fundamentales y se levantarán juntos por la libertad y el sueño americano? Mi esperanza y oración es que hoy escuches el llamado y no vuelvas atrás.

Capitulo siete

Superando los obstáculos

Restaurar la República Americana será una tarea ardua en el mejor de los casos. Hay tantos problemas y obstáculos complejos que superar que muchas personas ya se han desanimado o se han vuelto pesimistas. Desde el principio, debemos revisar el verdadero propósito del gobierno.

> Primero, debemos repensar cuál debería ser el papel del gobierno, y rápido. Si seguimos pensando en nuestro gobierno como el policía del mundo y como el Gran Proveedor desde la cuna hasta la tumba, nuestros problemas empeorarán y nuestra espiral económica descendente, cuyas primeras señales estamos presenciando ahora, solo se acelerará.
> - Ron Paul, *La revolución: un manifiesto*

Una vez que hayamos establecido el propósito legítimo del gobierno, defender la Constitución y proteger los derechos de sus ciudadanos, podemos comenzar a considerar cómo superar los siguientes obstáculos.

Influencia corporativa: el dinero habla

El primer obstáculo que debemos superar de alguna manera es el de los intereses corporativos. Al permitir que nuestros políticos sean influenciados negativamente y comprados por las grandes corporaciones, cedemos nuestros principios al todopoderoso dólar. Los tratos secretos y los favores otorgados a entidades corporativas no deben permitirse si deseamos preservar nuestra República.

Grupos de intereses especiales: los controles minoritarios

La erosión causada por atender a grupos de intereses especiales es muy similar. En este caso, entregamos los principios de la libertad a la rueda más chirriante, la mayoría de las veces a una pequeña minoría de personas que cuentan con el respaldo de enormes fuentes de financiación y los medios de comunicación. Es increíble que la voluntad del pueblo se eluda con tanta frecuencia a través de este proceso. Una vez más, ¡debemos poner fin a esto!

Elecciones: la pantalla de humo definitiva

Los que están en el poder mantienen la "apariencia de democracia" principalmente a través de la última cortina de humo del proceso electoral. Aquí nuevamente, el dinero es a menudo el factor determinante para poder montar una campaña seria. Necesitamos desesperadamente una reforma electoral radical, que rompa el dominio que inhibe a los candidatos legítimos, terceros e independientes de entregar sus mensajes al pueblo estadounidense. Por supuesto, también se necesita desesperadamente aprobar una legislación que obligue a reformar el financiamiento de campañas o limitar los mandatos, aunque en la actualidad es prácticamente imposible, ya que tiene que ser votada por las mismas personas que tienen las riendas del poder.

El filtro de medios

Todo el mundo parece reconocer la influencia sesgada y sesgada de los medios de comunicación, sin embargo, al igual que estos otros obstáculos, nadie puede encontrar una manera de resolver la situación. Los medios de comunicación son simplemente los portavoces de las mismas corporaciones y grupos de intereses especiales que están empeñados en remodelar Estados Unidos. Hasta que la gente misma sea lo suficientemente educada y franca para exponer y contrarrestar la propaganda de los medios con la verdad, habrá pocas esperanzas de una verdadera restauración nacional.

Cuando el gobierno falla

Nuestros Padres Fundadores entendieron profundamente la influencia y la corrupción asociadas con la codicia y el control monetario. Uno de sus gritos de batalla fue 'impuestos sin representación', que hoy podría reinterpretarse como 'representación sin restricciones'. Con frecuencia se nos recuerda que la gran mayoría de los estadounidenses no aprueba el Congreso o la Casa Blanca, pero nada cambia. El flujo y reflujo de los ciclos electorales hace poco más que un cambio de guardia, nada más cambia. Parece que estamos atrapados en un ciclo sin fin, esclavizados por aquellos que nos gobiernan.

El gobierno estadounidense claramente no ha cumplido con su función más básica, mientras se involucra diariamente en asuntos no autorizados por la Constitución de los Estados Unidos. ¡Estas violaciones son delitos graves y traidores contra el pueblo estadounidense! La respuesta de nuestros líderes, hasta ahora, ha sido ignorar completamente nuestras peticiones y llamamientos. Al hacerlo, en realidad tienen el descaro de ridiculizar a nuestros Padres Fundadores, si no abiertamente, seguro por sus acciones.

> Si nuestros críticos quieren repudiar a los Padres Fundadores, que sigan adelante y lo hagan. Si no son lo suficientemente honestos para hacerlo, al menos deberían abstenerse de condenar a aquellos de nosotros que todavía creemos en la sabiduría que dejaron para la posteridad. - Ron Paul, *La revolución: un manifiesto*

Cuando las tres ramas del gobierno son culpables de la colusión para abandonar la visión de nuestros Padres Fundadores, corresponde al pueblo mismo rectificar la crisis. *La Declaración de Independencia* reconoce nuestra autoridad para hacerlo. La fortaleza creada por esta intrincada red de obstáculos puede y será quebrantada por la voz decidida y unificada de un pueblo que todavía cree en nuestra república constitucional. Nuestros líderes parecen creer que están por encima de la ley y que pueden hacer lo que quieran. ¡Todo esto está a punto de cambiar!

Cuando la gente buena duerme

El corazón de Estados Unidos está lleno de personas que son ciudadanos decentes y respetuosos de la ley. Comparten un lenguaje común y una ética de trabajo. Creen en Dios y en América. Tienen valores tradicionales o conservadores. Sin embargo, durante años, este enorme bloque de votantes estadounidenses ha sido marginado o neutralizado mediante tácticas tortuosas y mensajes engañosos.

La iglesia estadounidense por sí sola representa una fuerza que fácilmente podría cambiar las cosas en nuestra nación. Sin embargo, los pastores y miembros de la iglesia de Estados Unidos, en su mayor parte, han sido eliminados del juego. La mayoría cree realmente que ni siquiera se supone que estén en la arena política. Y mientras dormían, Estados Unidos se ha apoderado.

> A pesar de las diferencias, la iglesia estadounidense, como la de la Alemania nazi, corre el peligro de envolver la cruz de Cristo con alguna bandera ajena.
> - Erwin Lutzer, *Cruz de Hitler*

Desentrañar las mentiras y el engaño

Para muchos estadounidenses, la protesta y la desobediencia civil son conceptos incomprendidos e indeseables. Habiendo vivido durante tanto tiempo en relativa paz o tranquilidad, al abrigo de los efectos de la discriminación o el sufrimiento personal, la mayoría de nosotros nos hemos permitido volvernos complacientes. Como seres humanos decentes, generalmente respetamos a los demás y solo queremos que nos dejen en paz. La sola idea de volverse radical y defender lo que es correcto nos parece desagradable o innecesaria. Sin embargo, nuestros oponentes no siguen las mismas reglas.

En el meollo de estas mentiras paralizantes, hay una manipulación directa de los hechos. Parece que hemos estado atados por ciertas enseñanzas que hacen que permanezcamos desconectados y sin involucrarnos. Estas enseñanzas engañosas, aunque suenan correctas o incluso honorables en la superficie, nos llevan por un camino que nos hace vulnerables a aquellos que se aprovecharían de nosotros y pervertirían los cimientos mismos de la libertad establecidos aquí en Estados Unidos.

¿Lealtad al César o a Dios?

Algunos de los obstáculos que debemos superar son menos externos, pero representan más una batalla ideológica. Una de las mentiras más horribles que se le ha impuesto al pueblo estadounidense es que "la religión y la política no se mezclan", interpretada falsamente en el sentido de que las personas de fe no deberían involucrarse en cuestiones sociales o políticas. El resultado ha sido que no se ha involucrado a gente buena y, por lo tanto, el mal y la corrupción se han extendido por toda nuestra cultura.

La Biblia registra una historia interesante sobre una época en la que Jesús fue desafiado por los líderes religiosos de su época, quienes intentaron tenderle una trampa ineludible. Leemos esta historia en Marcos 12: 13-17:

> Y le enviaron algunos de los fariseos y herodianos para atraparlo en una declaración. Y ellos, acercándose, le dijeron: "Maestro, sabemos que eres veraz y no cedes a nadie; porque no eres partidario de ninguno, sino que enseñas el camino de Dios en verdad. ¿Es lícito pagar un impuesto de capitación al César o no? ¿Pagaremos o no pagaremos? Pero él, conociendo su hipocresía, les dijo: "¿Por qué me están poniendo a prueba? Tráeme un denario para mirar ". Y trajeron uno, y les dijo: "¿De quién es esta imagen y esta inscripción?" Y le dijeron: "De César". Y Jesús les dijo: "Dad al César lo que es del César, ya Dios lo que es de Dios". Y se asombraron de él.

Este pasaje de las Escrituras se ha interpretado de diferentes maneras a lo largo de los años, generalmente de manera incorrecta. Considere los siguientes pensamientos sobre la respuesta de Jesús a esta pregunta:

> Aquí Jesús se está dirigiendo a sus enemigos, o más bien a los provocadores del agente que habían enviado, mientras intentaba escapar de una trampa elaborada con la que esperaban atraparlo y finalmente destruirlo. Como solía hacer en tales situaciones, el Señor no dignificó una pregunta esencialmente deshonesta con una respuesta directa. En cambio, su respuesta es casi elíptica hasta el punto de ser evasiva; cuando la ocasión lo requería, Jesús podía seguir su propio consejo a los discípulos de ser sabios como serpientes e inocentes como palomas ...
>
> Este texto se ha utilizado a menudo para respaldar la noción completamente anticristiana de que los asuntos políticos no son de interés para Dios, y su corolario, que no tienen por qué preocuparnos a nosotros.
> - Michael Cromartie, *La moneda de César revisitada*

La controversia y los sentimientos de descontento sobre el pago de impuestos al gobierno han existido a lo largo de la historia. Sin duda, una condición natural del mundo en el que vivimos, que los gobernantes ideen formas de oprimir y extraer el sustento de otros para su propio beneficio. Sin embargo, ¿fue la respuesta de Jesús, como algunos sugieren, simplemente una afirmación de nuestra obligación de someternos u obedecer a quienes nos gobiernan? Yo creo que no. Cromartie continúa identificando un propósito dual en la respuesta de Cristo:

> ¿Cómo ayuda todo esto a aclarar el significado de la respuesta bastante críptica de Jesús? Mi argumento es que sugiere un doble propósito: negar el reclamo de César de autoridad absoluta, sin mencionar la divinidad, y socavar la lógica esencialmente anarquista del argumento de los fanáticos de que, dado que Dios tiene derechos exclusivos sobre su pueblo, los reclamos del gobierno humano son ilegítimos.
> - Michael Cromartie, *La moneda de César revisitada*

La respuesta de Jesús indica claramente que debemos reconocer una autoridad más alta que la del gobierno humano. Al mismo tiempo, no niega nuestra responsabilidad de honrar u obedecer a nuestros gobernantes cuando operan como servidores y administradores de justicia para la sociedad. El ejemplo de esta historia debe guiarnos mientras buscamos el equilibrio adecuado en temas complicados o controvertidos.

Para muchos estadounidenses, el problema real que está en juego aquí es no permitir que los edictos del gobierno eclipsen nuestra conciencia personal o las leyes superiores de Dios. Cuando el gobierno falla en defender lo que es correcto y se permite volverse corrupto y malvado, ya no tenemos la obligación de someternos a su autoridad.

Sumisión definitiva

De la misma manera, millones de estadounidenses, por lo demás patriotas, han sido engañados haciéndoles creer que debemos someternos a cualquier autoridad gubernamental que esté sobre nosotros. Los culpables que proclaman este mensaje son a menudo los pastores de América. Romanos 13: 1-7 se cita a menudo para sugerir que la sumisión a la autoridad gubernamental es siempre vinculante e incondicional.

> Que toda persona esté sujeta a las autoridades gobernantes, porque no hay autoridad sino de Dios, y las que existen son establecidas por Dios. Por tanto, el que se resiste a la autoridad se ha opuesto a la ordenanza de Dios; y los que se han opuesto recibirán condenación sobre sí mismos. Porque los gobernantes no son motivo de temor por el buen comportamiento, sino por el mal. ¿Quieres no tener miedo a la autoridad? Haz el bien y recibirás elogios de él; porque es un ministro de Dios para usted para bien. Pero si haces lo malo, ten miedo; porque no en balde lleva la espada; porque es un ministro de Dios, un vengador que trae ira sobre el que practica el mal. Por tanto, es necesario estar en sujeción, no solo a causa de la ira, sino también por causa de la conciencia. Porque por esto pagas impuestos, porque los gobernantes son siervos de Dios, dedicarse a esto mismo. Dad a todos lo que les sea debido; impuesto a quien se adeuda el

> impuesto; costumbre a quien costumbre; miedo a quien teme; honrar a quien honrar (énfasis del autor).

De este pasaje se desprende claramente que se supone que los gobernantes son agentes de la justicia, representantes de la autoridad divina. Su responsabilidad principal es proteger a los ciudadanos de las malas acciones de sus pares, no restringir o castigar a los buenos. Al referirse al pasaje anterior de la Biblia, Francis Schaeffer hizo esta astuta observación:

> Dios ha ordenado al estado como una autoridad delegada; no es autónomo. El estado debe ser un agente de justicia, contener el mal castigando al malhechor y proteger el bien en la sociedad. Cuando hace lo contrario, no tiene la autoridad adecuada. Entonces es una autoridad usurpada y como tal se vuelve ilegal y es tiranía.
> - Francis Schaeffer, *Un manifiesto cristiano*

Ambas malas interpretaciones comunes son mentiras que demuestran un razonamiento inconsistente y defectuoso. Si bien la mayoría de los estadounidenses rinden homenaje a nuestros veteranos y creen que es honorable morir por el país de uno en una tierra lejana, la mayoría no resistirá el mal o la tiranía aquí en casa. Abrazamos la idea de luchar contra los enemigos de la libertad o la democracia en guerras justas; sin embargo, de alguna manera no creemos que tengamos los mismos derechos fundamentales a nivel personal. ¿No tenemos un derecho personal a la libertad, el autogobierno y la autodefensa? ¿O en qué punto marcamos la línea cuando los que están en el poder son los que actúan de manera inmoral o ilegal? ¿Hasta qué punto permitiremos que el gobierno abuse de nosotros y nos imponga impuestos antes de que nos posean por completo, como siervos o esclavos?

Después de tragarse estas mentiras, muchas personas ven al gobierno como un pedestal más alto que la libertad personal. ¡Esto no solo es muy incorrecto, sino también pensar al revés! Aunque somos conscientes de las frecuentes y flagrantes violaciones de la ley y los derechos humanos por parte de nuestro propio gobierno, ¿por qué seguimos optando por mirar para otro lado? ¿Quién castigará el mal cuando sea el gobierno quien lo haga?

¿Se supone que debemos creer que ser silenciosamente sumisos es más honorable o puro? A pesar de que honramos verbalmente a nuestros Padres Fundadores, ¿habrían tolerado este tipo de tiranía y abuso? La respuesta es que resistieron la tiranía a toda costa, primero mediante el proceso de apelación, luego mediante la desobediencia civil y finalmente derramando su sangre. Los pastores de esa época no eran parte del problema, como lo son hoy, sino parte activa de la solución, muchos alzaron la voz y algunos incluso tomaron las armas cuando tenían que hacerlo.

Ajustar nuestro pensamiento

La mayoría de los estadounidenses todavía creen que dictadores como Hitler o Mao fueron malvados, que el comunismo está mal o que el Islam radical es nuestro enemigo; sin embargo, a menudo estas creencias están desconectadas de nuestra vida diaria. Esto conduce al engaño, la hipocresía y el patriotismo a medias. El gobierno no está exento de cumplir con la ley o mantener su juramento a la Constitución. Cuando violan las leyes más elevadas de Dios o nuestra propia Constitución, están sujetos a volver a alinearse, ya sea por el propio pueblo, por las consecuencias de una crisis nacional, o por la derrota a manos de nuestros enemigos. En este punto, ¡solo podemos esperar que la gente nos salve de nuestro gobierno!

> El término gobierno, por lo tanto, no implica ninguna forma particular de sociedad o ninguna forma particular de estado. El gobierno es una autoridad divinamente ordenada para ejercer el dominio mundano por derecho divino. El gobierno es un diputado de Dios en la tierra ...
>
> ... El deber de obediencia {del individuo} es vinculante ... hasta que el gobierno lo obligue directamente a ofender al mandamiento divino, es decir, hasta que el gobierno niegue abiertamente su comisión divina y, por lo tanto, pierda sus pretensiones. En caso de duda, se requiere obediencia; porque el cristiano no tiene la responsabilidad del gobierno. Pero si el gobierno viola o excede su comisión en algún momento, por ejemplo, al hacerse

> dueño de la congregación, entonces, en este punto, de hecho, la obediencia debe ser rechazada, por causa de la conciencia, por causa del Señor. - Dietrich Bonhoeffer, *Ética*

> Los cristianos tienen vínculos políticos, sin duda, y deben tomar en serio sus responsabilidades cívicas; pero nunca pueden confundir las afirmaciones del César con las más elevadas exigencias de Dios. - Michael Cromartie, *La moneda de César revisitada*

¿Qué son las personas libres de hacer?

Si bien muchos se aferran a las esperanzas fugaces de poder llevar a cabo reformas a través de canales políticos, otros están comenzando a darse cuenta de que, de hecho, hemos ido más allá del proceso de apelación. Durante muchos años, los estadounidenses con mentalidad de libertad han cuestionado y desafiado las políticas y la legislación de aquellos que buscan socavar nuestra república constitucional. Esta batalla se ha librado en muchos frentes. Se han presentado apelaciones, mociones y procedimientos legales, pero sin éxito. El gobierno ha hecho oídos sordos en repetidas ocasiones y se ha negado a responder a nuestras solicitudes. De hecho, las violaciones se han incrementado sustancialmente en los últimos años. Si queremos seguir siendo un pueblo verdaderamente libre, ¿qué podemos hacer en este momento? Estas son algunas de mis observaciones con respecto a nuestras mejores opciones.

La reafirmación de los derechos de los Estados

En los últimos años ha ido creciendo un movimiento para que los Estados ejerzan sus derechos en virtud de la Décima Enmienda de la *Constitución de los Estados Unidos*, que establece:

> Los poderes no delegados a los Estados Unidos por la Constitución, ni prohibidos por ella a los Estados, están reservados a los Estados respectivamente, o al pueblo.

A medida que el gobierno federal continúa expandiendo sus poderes, a través de rescates monetarios y atención médica controlada por el gobierno, la brecha nacional se profundiza. Con el aumento de la ira y las tensiones, la mayoría de los estados aún no cumplen con la ley de identificación real aprobada en 2005. Los legisladores en más de cuarenta estados han introducido medidas que advierten al Congreso que no pisotee más los derechos de los estados. Al menos siete de esos estados han aprobado dicha legislación.

Se han introducido otras medidas que se oponen al gobierno federal, que se ocupan específicamente de cuestiones como la atención médica, la inmigración y el control de armas. En los próximos días, este enfoque sin duda será una forma de aumentar el desafío y enviar un mensaje claro al gobierno federal.

El poder del bolso y la espada

El Dr. Edwin Vieira Jr., abogado y académico constitucional, ha investigado durante años estos temas y ha desafiado al gobierno en muchos puntos. Ha llegado a la conclusión de que nuestra lucha se reduce a dos elementos principales, lo que él llama el "poder de la bolsa" y "el poder de la espada". Su argumento es que el gobierno mantiene su poder sobre la base de estos dos elementos esenciales: el control del dinero y el control de la fuerza militar. En otras palabras, al controlar nuestro sistema monetario y tener las armas más grandes, el gobierno puede manipular fácilmente todo lo demás. Por lo tanto, nuestra respuesta debe incluir restaurar un sistema monetario sólido y proporcionar un disuasivo para el estado policial en constante expansión aquí en Estados Unidos.

Restauración de una política monetaria sólida

Durante algún tiempo, el sistema financiero de Estados Unidos ha experimentado una transformación gradual, que nos ha sacado del patrón oro o plata y nos ha catapultado a un sistema de moneda fiduciaria. Esto muy bien puede convertirse en nuestra ruina como nación.

> A lo largo de la mayor parte de la historia estadounidense, el dólar se ha definido como un peso específico en oro. Hasta 1933, de hecho, se podían canjear 20 dólares por una onza de oro. Pero ese año, el gobierno de EE. UU. Abandonó el patrón oro y, en adelante, la moneda estadounidense sería canjeable por nada. De hecho, el gobierno confiscó las tenencias de oro monetario de los estadounidenses. - Ron Paul, *La revolución: un manifiesto*

Un número creciente de estadounidenses se está dando cuenta del engaño que gira en torno al Banco de la Reserva Federal. Continuar exponiendo este fraude y presionar para que se vuelva a un sistema monetario sólido y constitucional es otra forma importante en la que podemos recuperar nuestra República. La disolución de la Reserva Federal y la devolución de nuestro control monetario al Congreso, según lo dicta el mandato constitucional, debe lograrse pronto si queremos evitar un desastre nacional.

> Todas las perplejidades, confusiones y angustias en América, surgen, no de defectos en su Constitución o Confederación, no de una falta de honor o virtud, sino de una total ignorancia de la naturaleza de la moneda, el crédito y la circulación. - Presidente John Adams

> Es hora de un nuevo pensamiento para un cambio: una reevaluación imparcial y racional de un sistema monetario que se nos presenta como el mejor de todos los mundos posibles, pero cuyos peligros se vuelven más claros y urgentes con cada día que pasa. - Ron Paul, *La revolución: un manifiesto*

Revitalizando las Milicias Constitucionales

En la mente de nuestros Padres Fundadores, una población armada era la máxima salvaguardia contra la tiranía. Si todo lo demás fallaba, la gente aún podría defenderse. A lo largo de la historia, cuando las poblaciones han sido desarmadas, ha habido una carrera incesante hacia la dominación total del gobierno.

En los primeros días de nuestra República, todos los hombres de entre 18 y 45 años eran considerados parte de la milicia, una fuerza de autodefensa comunitaria. Esta fuerza civil fue entrenada y preparada para la protección de la comunidad y como elemento disuasorio contra la opresión o el ataque externos.

El concepto de milicias ciudadanas, que ha ido evolucionando a lo largo de los años, también se ha convertido en objeto de mucho debate. Una vez más, el gobierno y los medios de comunicación han utilizado tácticas de propaganda para pintar una imagen negativa. Y no ayuda que siempre haya algunas personas cuyas opiniones o acciones extremas manchen nuestro movimiento. Sin embargo, no hay duda de que las personas tienen el derecho inherente, no solo a la autodefensa personal, sino también a unirse como hombres libres en defensa de sus hogares, comunidades y valores compartidos. La Constitución y la Segunda Enmienda en particular, defiende estos derechos, declarando que:

> Una Milicia bien regulada, siendo necesaria para la seguridad de un Estado Libre, no se violará el derecho del pueblo a poseer y portar armas.

La revitalización de las milicias constitucionales es una parte importante y necesaria para mantener nuestras libertades aquí en Estados Unidos. Al mismo tiempo, es imperativo, especialmente en este momento crucial, que lo hagamos de una manera sana y equilibrada. Cualquier ley o práctica que inhiba estos derechos, o ponga el control de todas las fuerzas del orden o militares bajo el control exclusivo del gobierno, es una infracción directa de este derecho.

Debemos trabajar duro para evitar los errores y los estigmas asociados a los movimientos de milicias anteriores, si queremos tener éxito en la restauración de nuestra nación. Si bien reconocemos tanto la existencia de una franja radical de extremistas como las tácticas de propaganda del gobierno, debemos tomar un rumbo recto y no asociarnos con estos extremistas ni permitir que nos agrupen con ellos. Necesitamos aprender a luchar contra la propaganda, porque ciertamente el gobierno no retrocede cuando uno de los suyos es atrapado o se va por la borda. No, ponen excusas, se cubren, se distancian y luego avanzan cuando el humo se aclara. Debemos tomar un camino más alto, pero aún así exponer la información errónea al hacer brillar la luz de la verdad.

Hacer cumplir la ley

Otro movimiento creciente en los Estados Unidos busca defender la autoridad de los alguaciles de nuestro condado como otro impedimento para la usurpación federal. Dado que el alguacil del condado tiene la máxima autoridad para resistir o detener a todas las agencias federales dentro de su jurisdicción, esto se convierte en otra clara línea de defensa.

El alguacil es un funcionario electo, no un empleado burocrático. Poseen la máxima autoridad policial en su condado. El alguacil del condado ha hecho un juramento, al igual que nuestros otros funcionarios, de mantener y defender la Constitución de los Estados Unidos. Por lo tanto, podemos acercarnos a ellos, tanto por respeto a su cargo, como para solicitar su apoyo para dar marcha atrás e incluso enjuiciar a quienes operan de manera inconstitucional. Esto ahora está comenzando a ocurrir en condados de todo el país.

Sin embargo, hay un movimiento en nuestro país para socavar la autoridad de los alguaciles del condado por la autoridad del Congreso y mediante la implementación de disposiciones inconstitucionales de la Ley Patriota. Esto había llevado a algunos a concluir que el Sheriff del condado es nuestra última esperanza o línea de defensa en Estados Unidos. Una vez más, debemos ser conscientes de las tácticas del enemigo.

Reviviendo a los Ciudadanos Grandes Jurados

Con origen en la Carta Magna, el gran jurado de ciudadanos, también conocido como el panel del pueblo, fue una institución traída de Inglaterra a las colonias americanas. Los grandes jurados proporcionaron un medio para que los ciudadanos se protegieran de los abusos del rey y sus agentes.

La Constitución de los Estados Unidos menciona al gran jurado en el artículo cinco de la Declaración de Derechos:

No se podrá exigir a ninguna persona que responda por un delito capital o de otro modo infame, a menos que se presente una presentación o acusación de un Gran Jurado...

El gran jurado es en realidad una institución independiente adoptada por nuestros Padres Fundadores para proteger al individuo de la mala conducta de los fiscales. Fue de origen preconstitucional, y desde 1789 cuando se ratificó la Declaración de Derechos, hasta la codificación de las Reglas Federales de Procedimiento Penal en 1946, el gran jurado no estuvo regulado por ley. Por supuesto, las tres ramas del gobierno han compartido un interés común en limitar el poder del gran jurado ciudadano y, en consonancia con el declive de nuestra nación, se han visto seriamente erosionadas durante las últimas dos generaciones.

Revivir los grandes jurados ciudadanos será otro paso vital en nuestra posición contra la toma sistemática de nuestra forma constitucional de gobierno.

Un vacío de liderazgo

Mientras viajo e interactúo con personas en todo Nuevo México y la nación, he encontrado una necesidad desesperada dentro del movimiento patriota: un vacío de liderazgo. Claro, tenemos muchas cabezas parlantes y líderes que están demasiado llenos de sí mismos. Algunos de nuestros portavoces parecen solo asustar a la gente o hacerla enojar. La mayoría simplemente carece de las cualidades de carácter de los verdaderos líderes o no ven el panorama general.

Veo esta tremenda escasez de líderes sólidos y capaces como uno de los mayores obstáculos que debemos superar. Permítame explicarle un poco más.

Criar una nueva generación de líderes patriotas

Los tiempos en que vivimos exigen que surja una nueva generación de líderes patriotas. El historial reciente del movimiento por la libertad no ha hecho más que demostrar nuestras deficiencias. En general, somos un grupo independiente de individualistas rudos, muy testarudos y desenfrenados. ¡A menudo bromeamos entre nosotros que tratar de promover la unidad y la cooperación dentro de este movimiento es como pastorear gatos! Como resultado, estamos muy desunidos y relativamente ineficaces.

Aquellos que han aspirado a ser líderes o portavoces de nuestro movimiento a menudo han elevado su mensaje por encima de su carácter o ejemplo. Nuevamente, los resultados no han sido tan positivos. Cuando interactuamos con nuestros compatriotas estadounidenses o discutimos nuestros puntos sin la habilidad de relacionarse con las personas, la paciencia y la diplomacia, a menudo nos sorprende que los demás no comprendan automáticamente lo que estamos diciendo. Alienamos a los demás con nuestros gestos y comportamiento, y con frecuencia los hacemos marginar nuestro movimiento porque perciben que somos 'locos de la derecha'.

Incluso cuando nos relacionamos con otros que simpatizan con nuestro propio movimiento, a menudo representamos egos inflados y muy poca flexibilidad o voluntad de cooperar. Competimos entre nosotros y nos dividimos constantemente por los problemas más pequeños. Disparamos a nuestros propios heridos y abandonamos rápidamente a nuestros propios camaradas si flaquean. En resumen, hay demasiados 'líderes' y no suficientes seguidores.

Si queremos restaurar nuestra República, debemos ver un gran avance en el calibre de nuestro liderazgo. Oro con frecuencia por la formación de esta nueva generación de líderes, que nos guiarán con el ejemplo y nos inspirarán a encontrar juntos una manera de salvar a nuestra nación.

He identificado cinco cualidades esenciales para esta nueva generación de líderes patriotas. Confío en que esto ayudará a ilustrar mi punto.

1. Hacia adentro: honesto, leal, humilde y dispuesto a aprender

2. Exterior: amable, disciplinado, confiable, perseverante y tenaz.

3. Visión: ve el panorama general y los pasos para llegar allí

4. Pasión: convicción profunda y celo ardiente

5. Interdependiente: flexible, equilibrado, un verdadero jugador de equipo

La urgencia de nuestros tiempos

Un enfoque limitado nos impedirá priorizar correctamente nuestras prioridades y actividades diarias. Cuando carecemos de un sentido de urgencia, podemos distraernos fácilmente o involucrarnos en actividades y causas que por sí mismas no nos permitirán lograr la victoria. Por el contrario, un enfoque claro y un sentido de urgencia nos obligarán a identificar los problemas de raíz y luego a formar respuestas calculadas. Debemos adaptarnos a esta nueva forma de pensar (y pronto), ya que nuestros métodos anteriores no han cambiado el rumbo.

Vivimos en tiempos urgentes, amigos. Ya no podemos permitirnos perder el tiempo luchando contra pequeños incendios forestales cuando todo el bosque está a punto de ser envuelto en llamas. O, como ilustra uno de mis buenos amigos con el ejemplo del 11 de septiembre, no podemos concentrarnos en apagar los incendios de oficinas en las torres gemelas cuando todo el edificio está a punto de derrumbarse.

Nuestro movimiento necesita un cambio de paradigma importante, uno que se alinee con los niveles reales de amenaza que enfrentamos en la actualidad. Hemos visto los efectos positivos cuando la gente se ha levantado en masa para protestar. A medida que avancemos, el surgimiento de esta nueva generación de líderes patriotas nos guiará hacia la victoria. Sin embargo, si no hacemos estos ajustes pronto, es muy posible que seamos testigos de la desaparición final de nuestra república constitucional.

Capítulo ocho

Resistencia a la tiranía

Para muchos estadounidenses, usar la palabra tiranía en la misma oración que Estados Unidos es inconcebible. Honestamente, no queremos creer que algo pueda estar tan mal aquí en Estados Unidos, por lo que tendemos a ignorar las crecientes señales de advertencia. Mientras continuamos con nuestras ajetreadas vidas, no prestamos atención a los muchos síntomas que apuntan a una grave epidemia nacional.

Oponerse a la tiranía en los Estados Unidos

Los Estados Unidos de América se enfrentan a peligros sin precedentes y a un declive crítico de nuestra herencia, cultura y forma de gobierno únicas. Este libro es un llamado urgente para que los estadounidenses adopten una posición firme contra las fuerzas, tanto extranjeras como nacionales, que amenazan nuestro futuro. A estas alturas, debería ser obvio que los canales normales de cambio - nuestro gobierno, la política, las elecciones y los medios de comunicación - se han vuelto tan controlados, egoístas y corruptos que ya no representan la visión o intención original de nuestros Padres Fundadores. Además, muchas Américas patriotas amantes de la libertad ahora están siendo etiquetadas como disidentes, enemigos potenciales del estado o 'terroristas domésticos'. En este estado de total desorden, cualquier forma realista de aferrarse a los principios fundacionales de nuestra República está pasando rápidamente.

Hoy nos encontramos, como nuestros Padres Fundadores, en medio de una seria lucha por la libertad y el futuro de nuestra República. Ahora nos enfrentamos a la angustiosa elección entre someternos a la corrupción y la tiranía, y el abandono de nuestros derechos y libertades esenciales e inalienables. Para nosotros, la elección se ha vuelto clara y no tenemos otro recurso que resistir activamente a aquellos que ignoran y se niegan a respetar la Constitución y están decididos a transformar nuestra nación en algo completamente diferente.

El papel adecuado del gobierno

La naturaleza y el propósito esenciales del gobierno estadounidense es asegurar y proteger los derechos otorgados por Dios a sus ciudadanos. El gobierno existe y funciona únicamente para este propósito. Nuestros Padres Fundadores entendieron claramente las malas tendencias de los hombres y sabían que los gobiernos serían inevitablemente un reflejo de esas tendencias. Si no se controla, la tiranía del gobierno humano seguirá creciendo y consumiendo los recursos y las libertades de la gente.

Nuestra Causa y Lucha

Aquellos primeros patriotas estadounidenses creían que el hombre poseía derechos inalienables de nuestro Creador, y que era el derecho inherente del pueblo decidir y dirigir en última instancia sus propias vidas. Entendían claramente que nuestra forma de gobierno estadounidense prosperaría y triunfaría solo con el consentimiento de los gobernados. En su resistencia a la tiranía de la Corona británica, estos valientes patriotas se mantuvieron firmes en la idea de que era el derecho y la responsabilidad de los ciudadanos estadounidenses cuestionar o desafiar a su gobierno. Además, si es necesario, alterar o abolir ese gobierno en pos de otro que realmente represente sus valores. Una vez más, este sentimiento se articuló claramente en *La Declaración de Independencia*:

> Que siempre que cualquier forma de gobierno se vuelva destructiva de estos fines, es derecho del pueblo modificarla o abolirla e instituir un nuevo gobierno ...

Nuestra causa está firmemente arraigada en la propia historia de Estados Unidos y la búsqueda de la independencia. Esta misma lucha resurgió en menos de cien años en la historia de nuestras naciones, cuando los Estados del Sur decidieron separarse de Estados Unidos en busca de su propia independencia. Finalmente aplastados en su supuesta 'rebelión', los derechos de las personas y los Estados fueron alterados para siempre y sometidos a un gobierno federal más centralizado. Desde ese momento en adelante, hemos sido testigos de la erosión gradual y sistemática de nuestras libertades, junto con el implacable crecimiento y la intrusión del gobierno en nuestras vidas. Los acontecimientos recientes nos han llevado ahora al borde del desastre, un punto sin retorno.

Desafortunadamente, estos cambios se han producido de forma muy gradual (y a menudo en secreto), de modo que el pueblo estadounidense los acepte y se acostumbre a ellos. A través de cambios en nuestra cultura y la manipulación de eventos, nos hemos permitido convertirnos en lo que alguna vez despreciamos. Nuestra nación ha cambiado drásticamente hacia el secularismo y el socialismo. Los líderes de los dos principales partidos políticos parecen decididos a vender a Estados Unidos al globalismo y, en última instancia, crear un estado totalitario. En el camino, sacrificarán nuestras libertades, nuestra herencia judeocristiana y nuestra seguridad o soberanía nacional.

Nuestra causa, por lo tanto, es restaurar la visión y los principios de nuestros Padres Fundadores. A medida que enfrentaron, desafiaron y finalmente derrotaron al imperio más grande de la tierra en ese momento, nosotros también debemos desarrollar una convicción, coraje y resolución similares hoy. Es imperativo que encontremos una manera de unir a todos los individuos y grupos de ideas afines por esta causa común, y con este fin, ahora nos esforzamos.

Despertar al pueblo estadounidense

La mayoría de los líderes y grupos dentro del movimiento por la libertad han identificado correctamente la educación del pueblo estadounidense como nuestro objetivo más alto. Sin embargo, a pesar de todos los esfuerzos y avances en esta área, todavía no hemos logrado llegar a las masas necesarias para lograr un cambio real. Quizás hayamos subestimado la fuerza de nuestros adversarios o el sistema que han creado para influir en las mentes de la gente.

Desde hace muchos años, me he involucrado en la enseñanza, el desafío y la motivación de las personas. En los últimos años, esto se ha extendido a la arena política, ya que yo mismo he aprendido la verdad sobre lo que está sucediendo en Estados Unidos. Estoy seguro de que muchos de ustedes encontrarán su propia vida convergiendo en este mismo camino, quizás desde diferentes direcciones.

He tenido el privilegio de conocer a muchos buenos patriotas a lo largo del camino, así como a otros que se ajustan a los requisitos como extremistas y locos de todo tipo. Desafortunadamente, estos pocos a menudo dan mala fama al grupo más amplio e inhiben el proceso de educar al pueblo estadounidense en los principios de la libertad. Aunque siempre me esfuerzo por mantener la mente abierta a la nueva información, he optado, no obstante, por identificarme principalmente con aquellos que mantienen un sentido del equilibrio y la razón en su enfoque. Hago esto porque quiero permanecer en contacto con el estadounidense promedio en la calle. He descubierto que la mayoría de los estadounidenses son incapaces de comprender y digerir las enormes cantidades de información que los "patriotas" bien intencionados a menudo tratan de transmitirles. Nuestra incapacidad para articular y distribuir información a nuestros conciudadanos de manera comprensible ha sido uno de nuestros mayores problemas.

Un llamado urgente a la comunidad patriota

Frente a una multitud de amenazas inminentes a nuestra república constitucional, aquellos de nosotros que hemos sido despertados a la difícil situación de nuestra nación enfrentamos un obstáculo preeminente. Por más graves que sean las presiones externas, existe una amenaza aún mayor. Dentro del movimiento por la libertad, estamos desunidos y, por lo tanto, somos relativamente débiles e ineficaces para resistir la tiranía cada vez más invasora de nuestro gobierno aquí en Estados Unidos. En su mayor parte, también estamos mal preparados para la crisis inminente que está a punto de hundir a nuestra nación.

Creo que la respuesta a este dilema es crear redes y formar coaliciones, mediante las cuales podamos aumentar nuestra eficacia a través de la cooperación y el sinergismo. El mejor lugar para hacer esto es en nuestras propias comunidades y en nuestros propios estados.

Formar coaliciones y comunidades patriotas

Creo firmemente que Estados Unidos se encuentra en una verdadera encrucijada y debemos responder en consecuencia a nivel local y estatal. Esto se puede hacer mejor fomentando la unidad y la colaboración entre los grupos patriotas de ideas afines que ya existen. Al mismo tiempo, este puede ser nuestro mayor desafío, porque tendemos a ser un grupo de personas muy independientes y de voluntad fuerte, que no suelen ser humildes, dispuestos a aprender o dispuestos a cooperar. Con frecuencia no somos capaces de captar el panorama general, porque estamos estrechamente inmersos en un tema o cruzada en particular.

En mi opinión, aquellos que poseen las raras cualidades de la humildad, la diplomacia y una visión más amplia se convertirán en los líderes fuertes que este movimiento necesita. Las personas que tienen la experiencia y las habilidades sociales necesarias para construir estos puentes subirán desinteresadamente a la superficie por la causa de la libertad.

Aquí en Nuevo México, hemos formado un grupo llamado 'Alianza Patriota de Nuevo México', que se enfoca directamente en estos objetivos. Puede que ya exista una coalición como esta en su estado. Debería participar, o si no hay un grupo como este, considere iniciar uno. No lo dudes ni pospongas las cosas, no tenemos tiempo.

Una propuesta para su consideración

La formación de comunidades patriotas unificadas a nivel local y estatal proporcionará no solo apoyo mutuo, sino que también nos permitirá prepararnos para lo que parece estar en el horizonte en Estados Unidos. Como la mayoría de los ciudadanos son lamentablemente ignorantes o indiferentes a lo que está sucediendo, es imperativo que lo hagamos AHORA, para que podamos ayudar a muchos otros más adelante. Presento para su consideración estos objetivos principales:

- Que continuemos nuestros esfuerzos en los distintos grupos que representamos.
- Que cooperamos entre nosotros en lugar de permanecer aislados o distantes.
- Que identificamos valores comunes o compartidos y nos unimos en torno a esos principios.
- Que formemos una coalición de base amplia construida sobre estos valores compartidos.

- Que desarrollemos una red funcional de mutuo cuidado, formación y movilización.

A esto, agregaría los siguientes objetivos sugeridos:

- Formación de comités directivos para trazar el rumbo de estas redes.
- Polarización cruzada y esfuerzos de colaboración entre varios grupos.
- Desarrollar planes estratégicos para la educación patriota, preparación para crisis y capacitación.
- Forme pequeños grupos localizados para facilitar y lograr estos objetivos.
- Fortalecer y expandir estas alianzas en nuestros estados.

La construcción de comunidades patriotas en todo el estado será la clave de nuestra estrategia para restaurar Estados Unidos. Si formamos coaliciones fuertes y nos prepararemos, estaremos mejor equipados para manejar cualquier nuevo ataque de tiranía.

Nuestra misión

A medida que las tendencias a la baja se vuelven más claras en el horizonte, es crucial que los estadounidenses se despierten y adopten una posición decidida y conjunta por la libertad. Estoy convencido de que la mayoría de los estadounidenses están dormidos, inconscientes y completamente mal equipados para esta crisis inminente. Se nos acaba el tiempo y ya no debemos ser espectadores pasivos. ¡Ahora es el momento de la pasión, el coraje y la acción!

Dentro de estas comunidades patriotas, debería haber dos misiones entrelazadas. Nuestro propósito general es brindar una oportunidad para que los estadounidenses preocupados se involucren activamente en el proceso de restauración de nuestra República. Reconocemos que hay muchos otros grupos en todo Estados Unidos que se centran en uno o más de los mismos problemas u objetivos, y nos esforzaremos por establecer redes o construir puentes de unidad y cooperación con todas esas personas y grupos. Consideraremos a cualquier persona o grupo que comparta nuestros valores básicos, y que esté alineado con la Constitución, como nuestro amigo o aliado. Lo hacemos, creyendo que la unidad es fundamental para el logro de nuestras metas y objetivos. ¡Nuestra única esperanza para restaurar Estados Unidos es a través de este tipo de unidad y esfuerzos coordinados!

A nivel personal o local, nuestro propósito será prepararnos para los tiempos difíciles que se avecinan sobre Estados Unidos. Al trabajar juntos en red, nos negaremos a permanecer ignorantes o desprevenidos. Nuestros objetivos principales serán alertar, educar, capacitar y movilizar a los ciudadanos estadounidenses, reavivando un espíritu de verdadero patriotismo y libertad. Nos prepararemos de manera práctica para enfrentar el futuro y, al mismo tiempo, nos esforzaremos por construir puentes de cooperación con otros patriotas de ideas afines que comparten las mismas preocupaciones y valores. Con estos fines, nuestra visión es crear tal conciencia entre la población estadounidense que nuestro llamado a la restauración sea escuchado, ¡afectando un cambio duradero en nuestro gobierno!

En el frente operacional

Estas alianzas estatales deberían operar en varios frentes en su lucha por restaurar Estados Unidos. Llegar y educar al pueblo estadounidense es esencial para nuestra causa, por lo que trabajaremos para construir un movimiento de base a través del contacto personal y una mayor conciencia pública.

Debemos esforzarnos por formar redes cruzadas con otros grupos patriotas de ideas afines, para avivar las llamas de la libertad y estimular una mayor unidad y sinergia con nuestros esfuerzos. Nuestras coaliciones promoverán la educación, el reclutamiento y la formación de verdaderos patriotas estadounidenses. Movilizaremos a la gente para cuestionar y desafiar la ética y las políticas gubernamentales actuales. Involucraremos a la gente y al gobierno en las calles, en la arena política y en los tribunales. Nos esforzaremos por aumentar la conciencia pública y la cobertura de los medios de comunicación dirigiéndonos a personas y problemas que son descaradamente inconstitucionales y poco éticos.

A nivel local, nuestras alianzas también representarán una forma tangible de preparación y capacitación al crear una comunidad patriota vibrante que facilitará el cuidado mutuo, la comunicación y los esfuerzos coordinados. Este enfoque incluirá educación, apoyo personal y preparación para crisis.

Involúcrese ahora

Si comparte estas preocupaciones y ve la necesidad de hacer algo al respecto, ¡ahora es el momento de participar! Sin duda, los grupos locales se están formando ahora en su área. Lo invitamos a formar parte de esta creciente comunidad patriota, ayudándonos a preservar y restaurar a Estados Unidos a los principios y valores que nos hicieron la nación más fuerte del mundo.

Entendiendo los tiempos

Está ampliamente aceptado que Estados Unidos es el último bastión de la libertad en el mundo. Sin embargo, a medida que aumenta la presión para hacer frente a vastos y complejos problemas globales, se ve cada vez más a Estados Unidos con desprecio o como un obstáculo para las soluciones mundiales. Incluso aquellos dentro de nuestro propio gobierno parecen decididos a diluir nuestra herencia y soberanía únicas, eligiendo en cambio conducirnos a la conformidad con la comunidad global. Mientras buscan sobrevivir y remodelar Estados Unidos, lo hacen tomando una posición inferior, en lugar de liderar al mundo con el ejemplo, el carácter y la fuerza.

Como un incendio forestal que se propaga rápidamente, los hombres y mujeres de esta gran tierra se están incendiando con una pasión renovada por restaurar a Estados Unidos a su antigua grandeza. Son personas, como las de antaño, "que entendieron los tiempos y sabían lo que debía hacer Israel", cuando se reunieron alrededor de David para restaurar su nación (I Crónicas 12:32). Que esta banda en constante crecimiento continúe inspirando a los estadounidenses a recuperar su herencia.

Gobierno mundial en el horizonte

El desarrollo de tendencias y escenarios pronto provocará un mayor clamor por la estabilización y el control en todo el mundo. Esto conducirá a la reestructuración de alianzas nacionales, acuerdos comerciales, banca internacional y otros arreglos políticos globales. Puede que no esté lejano el momento en que lo impensable vuelva a suceder.

> Hitler, creo, es un prototipo del Anticristo que algún día surgirá y realizará maravillas económicas y políticas. Él también hipnotizará a millones y exigirá la adoración del mundo. Podrá realizar hazañas de conquista y control que Hitler no podría haber soñado. - Erwin Lutzer, *Cruz de Hitler*

Aquellos con previsión deberían responder ahora a las tendencias de la globalización que eventualmente prepararán el escenario para el surgimiento de un líder mundial diabólico, que representará a un grupo de élite de individuos hambrientos de poder.

¿Alterar o abolir?

La Declaración de Independencia claramente faculta a Nosotros, el Pueblo, a responsabilizar a nuestro gobierno por la forma en que lidera la nación. Nuestros antepasados creían que no solo era su derecho, sino también su deber. Si el gobierno se fue demasiado lejos, o fracasara repetida y deliberadamente en actuar como verdaderos representantes del pueblo, entonces el pueblo tendría todo el derecho de alterar o incluso abolir esa forma de gobierno. En nuestro caso actualmente, no se trata tanto de derrocar o reemplazar nuestro gobierno, sino de restaurarlo a la visión e intención originales de nuestros Padres Fundadores.

> En pocas palabras, la Declaración de Independencia establece que las personas, si descubren que el estado ataca sistemáticamente sus derechos básicos, tienen el deber de intentar cambiar ese gobierno y, si no pueden hacerlo, de abolirlo. - Francis Schaeffer, *Un manifiesto cristiano*

El reciente Congreso Continental 2009 se reunió de la misma manera que en los primeros días de nuestra nación, con un sincero deseo de lograr estos objetivos. Después de años de exponer y desafiar las prácticas gubernamentales inconstitucionales, entrelazadas con apelaciones, declaraciones de quejas, presentaciones legales y casos judiciales, los ciudadanos delegados de cada uno de los estados se reunieron para discutir el futuro de nuestra nación y deliberar sobre un curso de acción apropiado. Siguiendo los pasos del Congreso Continental colonial, reunido por primera vez en 1774, estos delegados lucharon con problemas similares que ahora amenazan el futuro mismo de nuestra República. Sus esfuerzos de colaboración dieron como resultado *Los Artículos de la Libertad*, que ahora se distribuyen ampliamente para obtener el apoyo del pueblo estadounidense.

> Habiendo sido ignorado, abusado y arrastrado por el tiempo suficiente,
>
> > En defensa de un pueblo libre, ha llegado el momento de reafirmar nuestros derechos naturales otorgados por Dios y desechar la tiranía ...
> >
> > Dejemos que los hechos se revelen: el gobierno federal de los Estados Unidos de América fue instituido para garantizar los derechos individuales de nuestros ciudadanos y, en cambio, ahora amenaza nuestra vida, libertad y propiedad mediante la usurpación de la Constitución. Envalentonado por nuestra propia falta de responsabilidad y debida diligencia en estos asuntos, el gobierno se ha excedido en su mandato y ha abandonado los Principios Fundamentales que han hecho que nuestra nación sea excepcional;
> >
> > Nuestro gobierno servidor ha realizado estas acciones inconstitucionales en directa violación de sus deberes enumerados, en detrimento de la libertad del Pueblo y la soberanía de nuestra República;
> >
> > Durante muchos años y abarcando múltiples administraciones políticas, las Personas que, en buena

conciencia, han intentado deliberar sobre nuestras quejas y expresar nuestro desacuerdo contra estas acciones ofensivas tanto a través de la Petición como de la Asamblea, han sido difamadas e ignoradas con desprecio;

La gente de los diversos estados de Alabama, Alaska, Arizona, Arkansas, California, Colorado, Connecticut, Delaware, Florida, Georgia, Hawaii, Idaho, Illinois, Indiana, Iowa, Kansas, Kentucky, Louisiana, Maine, Maryland, Massachusetts, Michigan , Minnesota, Mississippi, Missouri, Montana, Nebraska, Nevada, New Hampshire, New Jersey, New Mexico, New York, North Carolina, Ohio, Oregon, Pennsylvania, Rhode Island, South Carolina, South Dakota, Tennessee, Texas, Utah, Vermont , Virginia, Washington, West Virginia, Wisconsin y Wyoming, justamente alarmados por estas acciones arbitrarias e inconstitucionales, se han reunido como Ciudadanos-Delegados y se han sentado en un Congreso general, en la ciudad de St. Charles, Illinois;

Con lo cual Nosotros, como estos Ciudadanos Delegados, nos hemos reunido en defensa de la Justicia Divina, la Libertad y los principios del gobierno limitado, ahora estamos en claro reconocimiento de la Ley Suprema del País - la Constitución de los Estados Unidos de América;

Por lo tanto, exigimos que el Gobierno restablezca de inmediato el Estado de derecho constitucional, no sea que el Pueblo se vea obligado a hacerlo por sí mismo; y por la presente notificamos que en la Defensa de la Libertad y la Libertad NO HABRÁ NINGÚN COMPROMISO al que jamás nos rendiremos. - De los *Artículos de Libertad, Declaración y Resoluciones del Congreso Continental 2009*

Tan decididos y apasionados como sus predecesores, estos patriotas de hoy en día han arriesgado sus vidas para restaurar Estados Unidos. No se equivoque, estamos reviviendo un drama que comenzó en la América colonial. El veredicto está todavía fuera; el resultado de este capítulo aún no se ha escrito. Sin embargo, una cosa es segura: ¡la libertad late con fuerza en los corazones de un resto de personas que no cederán al control, la opresión y la tiranía!

Reconstruyendo América - Empezando ahora

Si bien puede ser difícil de entender para algunos, es crucial comprender la necesidad de reconstruir Estados Unidos. Debemos comenzar a hacerlo ahora, no en algún momento indeterminado o distante en el futuro. Si esperamos mucho más, la ventana de la oportunidad se nos cerrará en la cara.

¿Qué quiero decir con "reconstruir Estados Unidos"? Primero, por desagradable que sea, este proceso requiere primero derribar fortalezas que se han construido a lo largo de los años para desviar o destruir la intención original de nuestros Padres Fundadores. Esto se traduciría en una reducción masiva de los gobiernos tanto federal como estatal. También incluiría una verdadera responsabilidad fiscal, romper el dominio absoluto de nuestro llamado sistema político bipartito, reforma electoral y fiscal, cortar las tendencias crecientes del socialismo, los intereses corporativos y especiales, la transferencia de empleos y activos estadounidenses a extranjeros, y toda participación en esquemas políticos o económicos de globalización. Debemos exigir un comportamiento ético de nuestros líderes y destituir o enjuiciar a aquellos que no cumplan y mantengan su juramento a la Constitución de los Estados Unidos de América.

En los próximos días, seguir adelante con este curso de acción resultará en contrapresión y represalias más duras por parte del gobierno. Cuando se expone la tiranía, siempre reacciona con medidas más fuertes para silenciar y someter a sus oponentes. Debemos darnos cuenta de la naturaleza de la bestia y estar preparados para enfrentar lo que venga, y por el tiempo que sea, para derribar a este monstruo. Sacar a los tiranos de su guarida a la vista de todos también hará que más y más personas se den cuenta de lo que están haciendo. A lo largo de este proceso, debemos continuar, mientras nos aferramos a la creencia de que al final, el bien triunfará sobre el mal.

Capitulo nueve

Desobediencia civil

Uno de los principales métodos de resistencia a la tiranía es la desobediencia civil. Este tipo de acción implica una negativa activa a obedecer determinadas leyes o exigencias de un gobierno o poder ocupante extranjero. Una forma calculada de resistencia a la tiranía, este enfoque es principalmente no violento, más una expresión de desacuerdo respetuoso; un llamamiento sincero para influir en los que están en el poder para que reajusten sus prácticas injustas o ilícitas.

Las protestas de esta naturaleza generalmente involucran boicots, manifestaciones públicas, marchas, bloqueos, ayunos de hambre y otras formas de disensión. Esta filosofía básica de no cooperación también puede incluir protestas de guerra, una negativa a pagar impuestos o apoyar de otra manera a los poderes existentes. Las personas que se dedican a estas actividades poseen una fuerte mentalidad de resistencia, lo que significa mantenerse firmes, no obedecer ni tomar represalias incluso cuando son perseguidas o atacadas.

La desobediencia civil se ha defendido y practicado con diversos grados de éxito a lo largo de la historia. Durante el período de la Reforma Protestante, muchos utilizaron la protesta civil contra las iglesias controladas por el estado. Uno de los primeros movimientos modernos de desobediencia civil en masa fue el realizado por los egipcios contra los británicos en su rebelión no violenta de 1919. Otros movimientos en Checoslovaquia, Alemania Oriental, Pakistán, Sudáfrica, las naciones bálticas y más recientemente en Ucrania y Georgia han todo permitió al pueblo liberarse de los grilletes de gobernantes injustos.

América se basa en los pioneros

Aquellos que habían abierto el camino de la libertad en Europa dieron forma a las opiniones del los primeros colonos estadounidenses. Permítame darle algunos ejemplos.

John Knox fue un clérigo escocés que desarrolló una teología de resistencia a la tiranía. Se convirtió en uno de los principales líderes de la Reforma Protestante. Knox sostenía que la gente común tenía derecho a la desobediencia y la rebelión si los funcionarios estatales dictaban contrariamente a las leyes superiores de Dios. Sus puntos de vista tenaces y francos surgieron de la creencia de que era nuestro deber resistir a los gobernantes poco éticos o injustos. Valientemente expuso y reprendió a los de la nobleza. A menudo reprendido y exiliado, su voz continuó mucho después de su muerte.

Samuel Rutherford también fue un teólogo y activista político escocés. Su obra épica titulada *Lex Rex: la ley y el príncipe*, presentó una teoría de gobierno limitado y constitucionalismo. Este trabajo envió ondas de choque a toda Europa en el siglo XVII. Su principal desafío fue la premisa básica de los gobiernos en ese momento, conocida como "el derecho divino de los reyes".

> Esta doctrina sostenía que el rey o el estado gobernaba como regente designado por Dios y, siendo así, la palabra del rey era ley. En contra de esta posición estaba la afirmación de Rutherford de que la premisa básica del gobierno civil, y por lo tanto la ley, debe basarse en la ley de Dios tal como se da en la Biblia. Como tal, argumentó Rutherford, todos los hombres, incluso el rey, están bajo la Ley y no por encima de ella.
> - Francis Schaeffer, *Un manifiesto cristiano*

Rutherford también tenía fuertes convicciones con respecto al derecho a resistir la autoridad ilegal. Su trabajo y su vida desafiaron el statu quo e impulsaron la causa de la libertad.

> De la tesis de Rutherford se desprende que los ciudadanos tienen la obligación moral de resistir a un gobierno injusto y tiránico.
> - Francis Schaeffer, *Un manifiesto cristiano*

Otros, como Martín Lutero, Juan Calvino, William Tyndale y John Bunyan, tomaron una posición inquebrantable contra la tiranía, incluso cuando estaba envuelta en religión. No nos atrevemos a olvidar su valentía y sacrificio al enfrentar el mismo tipo de enemigos hoy.

John Locke, un filósofo y médico inglés, más tarde secularizó muchas de las ideas de Rutherford. En sus escritos, Locke esbozó cuatro principios básicos que luego se arraigaron en las mentes de los creadores de nuestra República. Esos puntos, claramente identificables en nuestros documentos fundacionales, son:

- Derechos inalienables
- Gobierno por consentimiento
- Separación de poderes
- El derecho a resistir la autoridad ilegal

> La conclusión es que en cierto punto no solo existe el derecho, sino el deber, de desobedecer al estado ... En casi todos los lugares donde la Reforma tuvo éxito hubo alguna forma de desobediencia civil o rebelión armada.
> - Francis Schaeffer, *Un manifiesto cristiano*

Surge una alternativa a la guerra

Tras la masacre de Peterloo en Inglaterra en 1819, un poema político titulado La máscara de la anarquía propuso una forma radicalmente nueva de acción social: la protesta no violenta. En Estados Unidos, Henry David Thoreau tomó la antorcha con su popular ensayo de 1849 Desobediencia civil (originalmente titulado Resistencia al gobierno civil), que encarnaba los mismos principios de protesta no violenta. La idea impulsora de Thoreau era que la gente debería ser autosuficiente y negarse activamente a apoyar al gobierno, sin necesariamente tener que luchar físicamente contra él. En su ensayo,

Thoreau articuló sus razones personales para negarse a pagar impuestos y su fuerte protesta tanto por la esclavitud como por la guerra entre México y Estados Unidos.

Años más tarde, Mahatma Gandhi desarrolló Satyagrah, un sistema de resistencia pasiva, que se empleó ampliamente en Sudáfrica e India. Las teorías de Gandhi influyeron mucho más tarde en Nelson Mandela en la lucha contra el apartheid en Sudáfrica y en Martin Luther King en el Movimiento de Derechos Civiles en los Estados Unidos.

En respuesta a los desafíos planteados por los defensores de la violencia, Mahatma Gandhi dijo una vez:

> Creo que, si solo hubiera una opción entre la cobardía y la violencia, aconsejaría la violencia ... Preferiría que la India recurriera a las armas para defender su honor antes que, de manera cobarde, convertirse o permanecer un testigo impotente de su propio deshonor ... Pero creo que la no violencia es infinitamente superior a la violencia, el perdón es más varonil que el castigo.

El movimiento de derechos civiles en Estados Unidos

Con el fin de erradicar los efectos persistentes de la esclavitud y la segregación en Estados Unidos, un movimiento se afianzó en la década de 1960 bajo el liderazgo y la inspiración del Dr. Martin Luther King, Jr., un ministro bautista, excelente orador y activista social. King trabajó incansablemente para desafiar e inspirar a la gente de los Estados Unidos. Luchó contra la discriminación racial y la pobreza, mientras protestaba tanto por la segregación como por la Guerra de Vietnam.

Como se mencionó anteriormente, Martin Luther King estuvo profundamente influenciado por el enfoque de Mahatma Gandhi hacia la resistencia pacífica.

> Como la mayoría de la gente, había oído hablar de Gandhi, pero nunca lo había estudiado en serio. Mientras leía, me fascinaron profundamente sus campañas de resistencia no violenta. Me conmovió particularmente su

> Marcha de la Sal al Mar y sus numerosos ayunos. Todo el concepto de Satyagraha (Satya es la verdad que equivale al amor y agraha es la fuerza; Satyagraha, por lo tanto, significa fuerza de la verdad o fuerza del amor) fue profundamente significativo para mí. A medida que profundizaba en la filosofía de Gandhi, mi escepticismo con respecto al poder del amor disminuyó gradualmente y llegué a ver por primera vez su potencia en el área de la reforma social ... Fue en este énfasis de Gandhi en el amor y la no violencia. que descubrí el método de reforma social que había estado buscando. - Martin Luther King, Jr.

El Dr. King unió a los afroamericanos mediante la implementación de los mismos principios de desobediencia civil no violenta y, por lo tanto, logró romper estas fortalezas. Desde los escalones del Lincoln Memorial durante una marcha en 1963, King recordó a la multitud de más de 200,000 personas:

> En cierto sentido, hemos venido a la capital de nuestra nación para cobrar un cheque. Cuando los arquitectos de nuestra república escribieron las magníficas palabras de la Constitución y la Declaración de Independencia, estaban firmando un pagaré del que todo estadounidense sería heredero. Esta nota era una promesa de que a todos los hombres, sí, tanto negros como blancos, se les garantizaría los derechos inalienables a la vida, la libertad y la búsqueda de la felicidad. Es obvio hoy que Estados Unidos ha incumplido con este pagaré, en lo que respecta a sus ciudadanos de color. En lugar de honrar esta obligación sagrada, Estados Unidos le ha dado al pueblo negro un cheque sin fondos; un cheque que ha salido marcado como 'fondos insuficientes' ...

Desafortunadamente, a pesar de su mensaje de amor y protesta pacífica, Martin Luther King, al igual que Mahatma Gandhi antes que él, fue finalmente asesinado. Sus legados continúan como testimonio del uso de la fuerza indirecta no violenta para restablecer la libertad y la justicia.

La cuarta rama del gobierno

Por lo tanto, se podría decir fácilmente que 'Nosotros, el Pueblo' somos en realidad la cuarta rama del gobierno aquí en los Estados Unidos. Si las otras tres ramas se corrompen o se vuelven tiránicas, entonces nuestra única esperanza restante es que la gente misma recupere el sentido y se levante para restaurar nuestra nación. En realidad, si Nosotros, el Pueblo, no hubiéramos abdicado de nuestra responsabilidad durante los últimos 100 años, nuestra situación no se habría vuelto tan mala.

Cuando el pueblo de Estados Unidos asuma el lugar que le corresponde, negándose a ser acosado o intimidado aún más, entonces nuestro gobierno una vez más será controlado y actuará como se supone que debe hacerlo. Si no lo hacemos, estaremos sujetos a las cadenas que se nos impongan a nosotros, a nuestros hijos y nietos.

La línea de fondo

La desobediencia civil es una parte integral del restablecimiento de nuestra libertad aquí en los Estados Unidos. Amigos míos, hemos superado la etapa de apelación o petición. Los que están en el poder deben escuchar la voz y la voluntad del pueblo. Hagamos lo que sea necesario para asegurarnos de que esto suceda.

> Para los Padres Fundadores, el resultado final no era un punto abstracto sobre una mesa de té; en un momento determinado hubo que actuar en consecuencia. Las trece colonias llegaron al fondo: actuaron en desobediencia civil. Esa desobediencia civil desembocó en una guerra abierta en la que murieron hombres y mujeres. Y eso llevó a la fundación de los Estados Unidos de América. - Francis Schaeffer, *Un manifiesto cristiano*

Capítulo diez

Aguantando la tormenta

> Un hombre prudente ve el peligro y se refugia, pero el simple sigue adelante y sufre por ello.
> - Proverbios 22: 3, NVI

Se avecina una tormenta, la tormenta perfecta, una que se ha estado construyendo y ganando fuerza durante muchos años. Ahora se vislumbra en el horizonte del mundo, amenazando la vida y la civilización, tal como la conocemos. Para todos los verdaderos patriotas estadounidenses, la cuestión fundamental es cómo respondemos personalmente a estos acontecimientos. Podemos optar por ignorar el caos catastrófico que se avecina o prepararnos y prepararnos para la tormenta. Un tonto ignorará, fingirá o se mentirá a sí mismo, pensando que el desastre nunca se acercará a su casa. Aquellos que poseen sabiduría y previsión verán lo que se avecina y tomarán medidas para protegerse.

Aunque es aún más cierto hoy en día, considere estos pensamientos, escritos en 1980:

> Hoy estamos al borde de una crisis mundial. No se sabe exactamente cómo se desarrollará esta crisis y qué se encontrará cada uno de nosotros. Los efectos variarán de un lugar a otro. Pero, sin duda, la vida para nosotros será diferente, de alguna manera, radicalmente diferente.
> - Jim Durkin, *La crisis mundial venidera*

En un futuro muy cercano, Estados Unidos puede enfrentar eventos inimaginables, como colapso financiero, escasez de alimentos o combustible, manifestaciones masivas, disturbios, saqueos, caos, violencia y posiblemente la ley marcial o la guerra en nuestro propio suelo. ¿Qué harías si estos eventos ocurrieran? O quizás una mejor pregunta es: ¿qué hará ahora para prepararse para estos eventos?

Preparándonos

A la luz de las crisis muy reales e inminentes que enfrenta Estados Unidos, aquellos que se niegan a ser tontos deben prepararse ahora. Ignorar las señales o postergar las cosas solo nos dejará poco tiempo después. Cuando todo llegue a los fanáticos, será demasiado tarde para idear un plan o ayudar a otros en ese momento. Nos veríamos empujados al modo de supervivencia, incapaces de hacer nada para resolver los problemas. Es mucho mejor despertarse y prepararse ahora, para que luego no estemos simplemente reaccionando a las circunstancias que nos rodean.

Las alternativas a estar preparados para una crisis inminente serían permanecer dormidos o ser conducidos exactamente donde los que están en el poder desean que vayamos. Su libertad personal se verá dramáticamente reducida por eventos más allá de su imaginación y, a menos que haya desarrollado planes de contingencia, será extremadamente difícil responder con algo que no sea una mentalidad de supervivencia centrada en uno mismo.

Más allá del egocentrismo

Muchos de los que lean este libro se verán tentados a responder centrándose únicamente en la autoconservación. Este es el camino más fácil y natural, y muchos cederán a su fuerte atracción magnética. Sin embargo, hacer esto simplemente retrasará nuestro sufrimiento y nos protegerá solo por unos pocos momentos insignificantes más. Entonces estaremos solos, enfrentándonos solos a todo el peso de la tormenta. Personalmente, decidí hace un tiempo que esta opción no solo era inaceptable, sino también muy estrecha y egoísta.

Aunque es importante cuidarnos a nosotros mismos y a los que están cerca de nosotros, detenernos allí solo expondría un enfoque egocéntrico de la vida. Este no es el espíritu que dio a luz a Estados Unidos o que nos hizo fuertes como nación. Debemos darnos cuenta de esto y resistir la tentación, para que las futuras generaciones de estadounidenses puedan seguir experimentando las bendiciones de nuestro estilo de vida.

Escribiendo a una audiencia cristiana, el pastor y autor Jim Durkin continúa diciendo:

> Si sus convicciones están moldeadas por si la gente piensa o no que lo que está haciendo es extraño, en lugar de ser moldeado por la palabra de Dios y sus principios, finalmente encontrará que muchas de sus convicciones son débiles y sin forma ... Podemos prepararnos para asumir plenamente aproveche las oportunidades únicas y sin precedentes para el reino de Dios que aparecerán en los difíciles años venideros. O podemos desviar nuestras vidas hacia el objetivo menor de la supervivencia personal. - Jim Durkin, *La crisis mundial venidera*

Dar pasos prácticos ahora

En los primeros días de nuestra república, los colonos estadounidenses formaron lo que se llamó "Comités de Seguridad". Estos grupos fueron creados con el propósito de resistir la tiranía mediante la cooperación y la preparación personal. Hoy en día, en muchos lugares del país, están comenzando a surgir grupos similares, ya que la gente siente un peligro y una crisis inminentes. Estos grupos alientan a las personas en cuestiones básicas de preparación, como el desarrollo de planes de contingencia, el almacenamiento de alimentos y agua, la compra de armas de fuego y municiones y la búsqueda de alternativas para obtener otros suministros y atención médica. Además, la gente está aprendiendo a vivir libre de deudas, asegurar sus activos, invertir en oro o plata y utilizar sistemas de trueque y monedas alternativas para comerciar. Algunos están explorando formas de "salir de la red" tanto como sea posible.

Desarrollar estrategias para la comunidad y la autosuficiencia será nuestra mejor oportunidad para sobrevivir juntos a la tormenta que se avecina. Los cambios en el estilo de vida nunca son fáciles, pero con valentía y determinación podemos enfrentar las realidades de nuestro mundo cambiante y adaptarnos antes de que sea demasiado tarde. Empiece hoy mismo a desarrollar un plan personal. Hay otros que le ayudarán y apoyarán. No se deje arrullar hasta quedar dormido.

Tome medidas ahora para evaluar personalmente su propia situación. Identifique a aquellos en su círculo de influencia (familiares, amigos y otros conocidos) que apoyarían o al menos tendrían una mente abierta a estas ideas. Verifique en su área local para ver si otros patriotas de ideas afines ya están persiguiendo estos objetivos, y luego trabajen juntos para desarrollar sus propias estrategias y planes de contingencia. Lo más importante es involucrarse con un grupo de apoyo local o iniciar uno. Hágalo ahora: esperar solo reducirá la cantidad de tiempo que tiene para prepararse.

Formar redes y coaliciones

Enfrentar los enormes y complejos problemas de nuestra nación parece completamente abrumador para la mayoría de la gente. Debemos dar un bocado más pequeño. La formación de grupos de apoyo localizados y la creación de redes en todo el estado son las formas más efectivas de hacerlo.

Como se mencionó anteriormente, aquí en Nuevo México hemos comenzado una coalición llamada New Mexico Patriot Alliance, que se ha esforzado por crear una red de apoyo unificada de personas de ideas afines en todo nuestro estado. Este énfasis renovado en la cooperación y la comunidad, con los vecinos ayudándose unos a otros, será una respuesta bienvenida y largamente esperada a una cultura que gradualmente ha sido despojada de la interacción más personal. Con suerte, se están formando grupos similares en otros estados y en algún momento podemos unirnos para ayudar a defendernos y restaurar nuestra república constitucional.

Identificación de los puntos gatillo

Los patriotas perspicaces, que se están preparando sabiamente, también deben identificar los eventos potenciales que indicarían un colapso social y, por lo tanto, desencadenarían una respuesta intensificada de nuestra parte. Estos escenarios podrían provenir de una multitud de direcciones, ya sean desastres naturales o provocados por el hombre, colapso financiero o gubernamental, guerra o invasión, o alguna serie de eventos orquestados ideados para acercarnos al Nuevo Orden Mundial.

Desde el punto de vista práctico, estos puntos de activación también pueden involucrar escasez de alimentos o agua, epidemias de salud, racionamiento o suministro controlado de recursos, confiscación de armas de fuego u otra propiedad, ley del alguacil y otras restricciones a nuestros derechos a la libertad de expresión, reunión o viaje. Cualquier control o impuesto propuesto a Internet, una mayor rigurosidad en la identificación controlada por el gobierno, o la selección y persecución de disidentes, también serían indicadores importantes de que el totalitarismo está a la vuelta de la esquina.

Siempre vigilante

Ya no cederemos al engaño de los medios, las emergencias artificiales y las tácticas de miedo utilizadas con tanta frecuencia por nuestro gobierno a lo largo de la historia. Estaremos atentos a cualquier plan engañoso y supuesto para esclavizarnos aún más, incluso si parece ser necesario o razonable en la superficie.

Siempre despiertos y vigilantes, nos negaremos a sentarnos en silencio, pero en cambio nos levantaremos por la causa de la libertad, exponiendo a los tiranos que desean oprimirnos y usarnos para sus propios fines. Nos prepararemos y sobreviviremos a la tormenta que se avecina, y al otro lado de la tormenta, ¡seguiremos siendo libres!

Capítulo once

La respuesta del patriota

En primer lugar, es personal

Al enfrentar las aguas desconocidas del futuro de Estados Unidos, es imperativo que reevaluemos muchas de nuestras convicciones y prioridades personales. Las circunstancias requieren que hagamos un examen de conciencia serio y clasifiquemos los problemas que son realmente importantes para nosotros. Debemos encontrar una manera de diferenciar entre las preferencias personales y los valores básicos. Muchos problemas tienden a dividir a la comunidad patriota, pero debemos esforzarnos por superar estos obstáculos encontrando puntos en común y luego enfocándonos juntos en las preocupaciones más importantes.

A nivel personal, lo desafío a que reconsidere la forma en que dedica la mayor parte de su tiempo disponible a la causa de la libertad. He descubierto que muchos de los llamados patriotas se involucran con frecuencia en esfuerzos que producen pocos resultados. Para muchos, esto incluye charlas y debates interminables, navegar por Internet, circular correos electrónicos y contactar a sus 'representantes', actividades que son bastante inadecuadas para producir un cambio duradero, especialmente a la luz de la urgencia de nuestros tiempos. Por favor, no me malinterpretes, estas actividades tienen cierto valor. Sin embargo, lo que falta y se necesita desesperadamente en esta hora es el tipo de red personal e interacción de base que movilizará al pueblo estadounidense para un cambio real.

Dibujar una línea en la arena

A medida que enfrentamos una presión creciente para cambiar o adaptarnos a la 'nueva América' que se nos impone, eventualmente nos veremos confrontados con elecciones y decisiones personales. Cada uno de nosotros tendrá que determinar dónde trazar una línea en la arena.

¿Trazaremos esa línea sobre el aumento de impuestos, registros o incautaciones ilegales, invasión de nuestra privacidad, más infracciones a la libertad de expresión, viajar o nuestro derecho a portar armas o algo más querido por nuestros corazones?

Trazar una línea en la arena es una decisión muy personal. La convicción de una persona puede variar de la de otra. Al mismo tiempo, hay varios puntos en los que muchos patriotas modernos se encuentran totalmente de acuerdo. Que posea la claridad de pensamiento y la fortaleza interior para mantenerse firme en sus convicciones ese día. Estar solo no debería ser una opción para ti. Encontrar y unirte a otros patriotas en resistencia a la tiranía debería convertirse en tu camino y estilo de vida de aquí en adelante.

Debe luchar con muchas decisiones personales en su propia respuesta como patriota que vive en estos tiempos peligrosos. Sin embargo, es fundamental que trabaje usted mismo a través del proceso de evaluación y formación de convicciones sólidas. Nadie más puede decidir por usted o darle alguna fórmula mágica para responder a estas preguntas. Tampoco intentaré hacer eso.

Por difícil y doloroso que sea, este proceso te llevará a un punto en el que sabrás en el fondo de ti mismo, qué problemas vale la pena vivir y morir por ellos. Esto traerá una nueva perspectiva y enfoque a su vida, lo que le permitirá reajustar sus prioridades personales. Vivimos en tiempos críticos, y cuanto antes abrace esta realidad histórica y personal, mejor estará.

Una vez que hayas determinado dónde trazarás la línea en la arena, diciendo 'no más' a los tiranos y su gobierno, tendrás que acelerar las cosas. Tu respuesta como patriota estadounidense debe ser decisiva y cambiar tu vida. Cualquier cosa menos no será suficiente.

Resistiendo la tiranía en su jardín

Muchos problemas surgen cuando la opinión pública, la petición o la protesta caen en oídos sordos; o cuando un gobierno mismo se ve comprometido y completamente corrupto. La mayoría de nosotros preferiría que nos dejen en paz, pero de alguna manera el gobierno sigue invadiendo nuestro espacio, queriendo más y más de lo que tenemos.

Esconderse tampoco es una opción. En nuestro mundo moderno, quedan muy pocas fronteras o lugares para esconderse. Encontrar un lugar al que huir se ha vuelto mucho más difícil que en los días de nuestros antepasados.

Cuando uno tiene en cuenta la energía que los patriotas ya han gastado tratando de apelar al gobierno en el transcurso de muchos años, junto con el ritmo acelerado al que nuestros líderes ahora nos están llevando por el camino del socialismo y el totalitarismo, debería ser obvio para todos. pero los no iniciados que nos estamos acercando rápidamente a un grave conflicto. Y al igual que el personaje de la película de Mel Gibson, el reacio "Patriota", que pospuso la participación personal, este conflicto pronto estará en tu jardín.

> En tal caso, para la persona privada, para el individuo ... hay tres niveles apropiados de resistencia: primero, debe defenderse mediante la protesta (en la sociedad contemporánea esto sería a menudo mediante acciones legales); segundo, debe huir si es posible; y tercero, puede usar la fuerza, si es necesario, para defenderse. Uno no debe emplear la fuerza si puede salvarse huyendo; tampoco debe uno huir si puede salvarse y defenderse mediante la protesta y los medios constitucionales de reparación. - Francis Schaeffer, *Un manifiesto cristiano*

Subiendo la temperatura

Durante varias generaciones, la gente buena en general se ha mantenido al margen, observando pasivamente cómo nuestra Constitución y los valores estadounidenses han sido eliminados gradualmente. En esta encrucijada de la historia, es fundamental que cambiemos esta mentalidad.

> Es importante entender que hacer justicia a los malhechores y proteger a los inocentes trabaja a favor de la paz. El pacifismo simplemente permite que reine el caos y la tiranía. Como un cirujano experto que persigue

> agresivamente un tumor canceroso, una nación justa y recta eliminará el mal que busca destruir a su gente.
> - James Robison, *El alma de una nación*

Ha llegado el momento de que el movimiento patriota adopte una postura ofensiva. Durante años, hemos estado jugando a la defensiva, simplemente reaccionando a los cambios que se nos han impuesto; y hemos ido perdiendo el juego. Si realmente deseamos restaurar nuestra república constitucional, ¡debemos subir la temperatura y comenzar a presionar nuevamente al gobierno!

> No cedas al mal, sino avanza cada vez con más valentía contra él. - Ludwig von Mises

Movilizando al tres por ciento

A la mayoría de nosotros se nos ha hecho creer que debemos estar en la mayoría para prevalecer. Históricamente, y en verdad, el cambio siempre se ve afectado por un porcentaje bastante pequeño de individuos radicales dedicados y desinteresados que perseveran y no se detendrán ante nada hasta que se logren sus objetivos. Se ha estimado que la independencia de Estados Unidos se logró con solo alrededor del 3-4% de los estadounidenses en pleno apoyo. ¡Esto lo cambia todo!

Construyendo una comunidad patriota unificada y fuerte

Nuestra mejor esperanza y la clave de la victoria es el pueblo estadounidense. Debemos educar, unificar y movilizar a tantos patriotas como sea posible para montar un contraataque contra los verdaderos enemigos de nuestra República.

> Sin duda, la Constitución de Estados Unidos no es perfecta. Pocas invenciones humanas lo son. Pero es bastante bueno, creo, y define los límites y el alcance del gobierno... No creo que la mayoría de los estadounidenses quieran seguir por este camino: guerras no declaradas sin fin, más y más medidas de estado policial y un Constitución que bien puede no existir. Pero esta no es una existencia predestinada. No tenemos que vivir en este

tipo de Estados Unidos. No es demasiado tarde para unirnos y recordar a nuestro pueblo la Constitución, el imperio de la ley y nuestra tradicional república estadounidense. - Ron Paul, *La revolución: un manifiesto*

Creo firmemente que si podemos hacer llegar nuestro mensaje a la gente, habrá un tremendo despertar y un resurgimiento de la libertad que derribará todos los planes de los enemigos de Estados Unidos. Desarrollar una comunidad patriota unificada y fuerte debería ser nuestra máxima prioridad.

Protesta masiva y desobediencia civil

Con la escalada de la crisis nacional, se hace evidente que debemos subir la apuesta. ¡Ha pasado el tiempo de la apatía y la timidez! Ahora debemos golpear al gobierno donde más le duele, haciéndolo responsable, desafiando sus decisiones en todo momento y manteniendo los pies en el fuego. Las reglas del buen tipo de los días pasados ahora se han evaporado en una lucha por el alma y el futuro de nuestra nación.

¡Este conflicto ya ha comenzado! Han visto a miles reunidos en protestas masivas en las calles de Estados Unidos, en las reuniones del ayuntamiento y en Washington, DC. Esto es un mero presagio de lo que está por venir, en un futuro muy cercano. La protesta y la desobediencia civil indudablemente provocarán una nueva respuesta del gobierno, y eventualmente esto expondrá sus motivos y la tiranía que reside en sus corazones.

Golpear al gobierno donde le duele es simple y llanamente. Mientras rescatan a sus compinches, requieren cada vez más de nuestro dinero duramente ganado para operar. Al retener nuestro apoyo financiero, podemos convertirnos en un poderoso movimiento de masas que envía un mensaje claro: NO MÁS. Debemos dejar de alimentar a la bestia que está devorando nuestra República y nuestro futuro.

¿Es esto radical? Por supuesto. ¿Se necesita esta respuesta ahora? Si. ¿Nos tomamos en serio la salvación de nuestra nación? Espero que entiendas el punto.

La opción de la secesión

Un movimiento que ha ganado fuerza recientemente está relacionado con la Décima Enmienda y la soberanía de los Estados aquí en América. Este tema fue fundamental para la lucha de nuestra Guerra Civil Estadounidense y ahora ha pasado a primer plano nuevamente a medida que el gobierno federal continúa creciendo e imponiendo su voluntad sobre los diversos estados.

Durante casi la primera mitad de la historia de nuestra nación, el derecho a gobernar a nivel estatal, así como el concepto de secesión, fueron entendidos y aceptados universalmente. Hoy en día, muchos Estados reafirman este derecho fundamental y se enfrentan a los federales. Es muy probable que esta tendencia continúe a medida que la crisis y la presión para conformarse se fortalezcan. Para algunos Estados, esto puede conducir inevitablemente a un esfuerzo muy real por separarse del sindicato. Esto implicaría la disolución de un contrato voluntario con el gobierno federal, tal como lo hicieron nuestros Padres Fundadores en respuesta al rey de Inglaterra. Un pueblo verdaderamente libre debería poder hacerlo, y no ser cautivo mediante el chantaje financiero o a punta de pistola.

> No es necesario mirar más allá de la Declaración de Independencia para exponer un derecho 'moral' a separarse, que todas y cada una de las colonias reconocieron al firmar el documento ... En otras palabras, el derecho a separarse de cualquier confederación, grupo o unión se deriva de la Ley Natural de la libertad de asociación. - Andrew Napolitano, *La Constitución en el exilio*

Restablecimiento de la milicia constitucional

En un esfuerzo por conectar todos los puntos y formular un plan para la victoria, me he dado cuenta de que también debemos considerar el tema básico de nuestra autodefensa personal y corporativa. El derecho natural a poseer y portar armas y a unirnos en defensa de nuestras familias y comunidades se mantuvo en nuestros documentos fundacionales.

Aunque la mayoría de la gente tiene miedo de hablar de ello, ahora debemos considerar la necesidad de revitalizar la milicia ciudadana constitucional. Siempre consciente de cómo manipular la opinión pública, el gobierno pinta una imagen distinta de la "milicia", explotando el comportamiento extraño de un elemento marginal radical. Se apresuran a denunciar y marginar, etiquetando a las milicias como "terroristas nacionales potenciales". El resurgimiento del movimiento de milicias en los años 90 finalmente fue neutralizado usando estas tácticas.

El derecho de las personas libres a defenderse es lo que está en juego aquí. Sin este derecho, nos quedamos sin protección alguna contra los tiranos. Esto es American Liberty 101, amigos. Si el gobierno controla todas las facetas de la posesión de armas, los recursos de autodefensa y las propias milicias, ya nos han despojado de nuestros derechos otorgados por Dios.

La revitalización de la milicia dentro de cada Estado ayudaría a garantizar la protección de las personas y la Constitución como ley suprema del país. Aunque la Constitución establece claramente que el gobierno es responsable de equipar y entrenar a la milicia, NO me refiero aquí a la Guardia Nacional o Guardia Estatal u otra entidad controlada por el gobierno. Desafortunadamente, la estrechez, la inmadurez y los estigmas asociados al movimiento de milicias de los 90 son cosas que tendremos que superar. Sin embargo, esto se puede hacer si tenemos objetivos claros y un liderazgo adecuado y equilibrado.

El uso de la fuerza

Durante la época de la Revolución Americana, los colonos finalmente se vieron obligados a asumir una posición defensiva para proteger sus propios derechos. Las apelaciones, el debate y la legislación solo dieron paso a una mayor opresión. Finalmente, llegaron a ver a los británicos como invasores que tenían la intención de subvertir sus gobiernos coloniales legítimos. Al final, el pueblo no tuvo más remedio que renunciar a su libertad o luchar por preservar sus ideales y su forma de vida. Seguramente volvemos a vivir en una época como esta.

> Si existe una razón legítima para el uso de la fuerza, y si existe una precaución vigilante contra su reacción exagerada en la práctica, entonces, en cierto punto, el uso de la fuerza es justificable ... En un mundo caído, la fuerza de alguna forma siempre será necesaria ... Sin embargo, siempre deben observarse dos principios. Primero, debe haber una base legítima y un ejercicio legítimo de la fuerza. En segundo lugar, cualquier reacción exagerada cruza la línea de la fuerza a la violencia. Y la violencia absoluta nunca puede justificarse.
> - Francis Schaeffer, *Un manifiesto cristiano*

Muchos estadounidenses, aunque mantienen su fe en nuestro sistema militar, no alcanzan a abrazar su derecho personal a la autodefensa contra la opresión y la tiranía. Apoyamos al gobierno cuando afirman estar 'difundiendo la democracia' en todo el mundo, o cuando afirman estar 'luchando por la libertad', ¡pero nada podría ser más básico que proteger las libertades y los derechos del pueblo estadounidense!

Se nos ha engañado al pensar que sólo el gobierno es capaz de distinguir el bien del mal; o que solo el gobierno tiene el derecho de protegernos. En resumen, ¡nos han arrullado hasta quedarnos dormidos! En realidad, un gobierno no es una persona que está dotada de derechos naturales por nuestro Creador. Un gobierno es una entidad creada por la gente, y como nuestros servidores, ¡están sujetos a nosotros!

La mayoría de los estadounidenses son personas decentes y respetuosas de la ley. Como tal, no nos inclinamos a la violencia y creemos que la lucha o la guerra logra muy poco de positivo. Sin embargo, ya no debemos quedarnos sentados y negarnos a desafiar el sistema que amenaza con destruir nuestra nación y nuestra forma de vida. Cualquier uso de la fuerza es una realidad histórica y lamentable a lo largo de la historia de la humanidad. Si se arrincona, creo que el pueblo estadounidense luchará y no cederá estos derechos. Si no lo hacemos, realmente merecemos los grilletes que se nos impongan.

> Si hacemos que la revolución pacífica sea imposible, hacemos que la revolución violenta sea inevitable.
> - Presidente John F. Kennedy

Recuperando nuestro país

Bien se ha dicho que nuestra Constitución no se defiende. ¡El pueblo mismo debe levantarse ahora en su defensa! Debemos tomar la determinación con profunda determinación de hacer todo lo que sea necesario para restaurar los principios de la libertad y recuperar nuestra nación.

Vivimos en una coyuntura crítica entre la historia de nuestra nación y su futuro. Nuestros enemigos no se darán la vuelta ni cederán fácilmente su gélido control sobre nuestro país. Debemos creer que la libertad es una fuerza más fuerte; que la libertad prevalecerá sobre la tiranía; y que el bien triunfe sobre el mal. qué más podemos hacer?

¡Sube a bordo ahora!

El tren de la libertad ya ha salido de la estación, pero afortunadamente, hay muchas estaciones a lo largo del viaje hacia la restauración de Estados Unidos. Todavía hay mucho espacio a bordo para ti. Deseche toda ignorancia, apatía y cualquier enfoque estrecho o mentalidad derrotista. Toma tu lugar ahora con tus compañeros luchadores por la libertad.

> No somos débiles si hacemos un uso adecuado de los medios que el Dios de la Naturaleza ha puesto en nuestro poder ... la batalla, señor, no es solo para los fuertes; es para los vigilantes, los activos, los valientes. - Patrick Henry

Capítulo doce

Vive libre o muere

Vivimos hoy en una época que se parece inquietantemente a la fundación de Estados Unidos. Esta vez, sin embargo, no estamos principalmente plagados de una potencia extranjera invasora u ocupante en nuestro suelo, sino más bien una inmensa hueste de nuestros propios conciudadanos, que han olvidado o abandonado nuestra herencia y forma de gobierno estadounidenses únicas. Sin duda, tenemos enemigos en otras tierras, pero los enemigos más peligrosos a los que nos enfrentamos hoy son los que viven entre nosotros; aquellos que dicen ser estadounidenses, pero que venderían sus almas al diablo o al mejor postor.

Está claro que nuestros Padres Fundadores creían que era un derecho inalienable, otorgado por nuestro Creador, resistir la tiranía y hacer lo que fuera necesario para asegurar la perpetuidad de la libertad en Estados Unidos. Por mucho que queramos ignorar los hechos o escondernos de realidades desagradables, es cierto que, de hecho, estamos en medio de una revolución. Algunos de ustedes todavía dudan en admitir o actuar sobre esta realidad, sin embargo, pronto llegará el día en que la mayor parte de esta batalla por el alma de Estados Unidos y el mundo libre estará sobre ustedes.

> Los malos pueden ganar, pero voy a hacerles la vida lo más miserable posible antes de irme. Patrick Henry entendió que hay tres posibilidades:
> Puedes vivir tu vida como un soberano libre.
> Puedes morir intentando proteger tu libertad.
> Puedes rendirte y sucumbir a la esclavitud.
> Patrick Henry y yo nos negamos a ser esclavos. Esa no es una opción aceptable. - Michael Badnarik, *Bueno ser rey*

El sonido de la trompeta

Es posible que haya discernido con razón que he escrito para hacer sonar el grito de batalla de la libertad una vez más. Junto a muchos otros patriotas, alzo mi voz y mi corazón por la liberación de un pueblo que lleva mucho tiempo dormido y esclavizado.

Algunos, que son "patriotas sólo de nombre", se desmayarán ante algunas de las propuestas descritas en este libro. Muchos otros, cuyas convicciones sobre la libertad son demasiado superficiales, se marchitarán bajo la presión del miedo y la intimidación inducidos por el gobierno. Algunos optarán por discutir y debatir sin cesar, ignorando la urgencia de nuestro tiempo. Además, no pocos carecerán de las cualidades de carácter necesarias para ser líderes, y su intento de hacerlo obstaculizará nuestros esfuerzos. Espero todas estas situaciones. Aún así, debemos seguir adelante.

Cuando todo llegue a los fanáticos, estos pseudo patriotas nunca cruzarán la línea para dar sus vidas por la causa de la libertad. Hablan en grande, pero desaparecerán rápidamente cuando llegue la presión o comience la lucha. No tienen el corazón ni el coraje de los verdaderos patriotas. Por tanto, debemos ser capaces de reconocer a personas así y al menos no permitirles que estén en posiciones de liderazgo en nuestro movimiento. Hay mucho en juego esta vez.

Más allá de estas posibles respuestas, hay otros que decidirán en su corazón defender la libertad, cueste lo que cueste. Luego, en algún momento del viaje, estas almas valientes se encontrarán, unificarán su propósito y lucharán juntas para restaurar Estados Unidos.

El fuego del refinador

Tiempos como este pondrán a prueba cada fibra de nuestro ser. Sin embargo, también deberíamos estar agradecidos de estar vivos en un momento como este, cuando se decidirá el destino y el futuro de nuestra República. Nuestro segundo presidente una vez dio este recordatorio aleccionador:

> Los pueblos y las naciones se forjan en el fuego de la adversidad. - Presidente John Adams

Frente a las abrumadoras probabilidades, hay, y siempre habrá, un pequeño grupo o remanente de personas profundamente comprometidas que calcularán el costo y decidirán conscientemente pagar el precio que sea necesario para asegurar la libertad una vez más. ¡Estoy firmemente convencido de que el pueblo estadounidense seguirá a los líderes que aceptarán este desafío!

> Estos son los tiempos que prueban el alma de los hombres. El soldado de verano y el patriota del sol, en esta crisis, se alejarán del servicio de su país; pero el que lo soporta ahora, merece el amor y el agradecimiento de un hombre y una mujer. La tiranía, como el infierno, no se conquista fácilmente; sin embargo, tenemos este consuelo con nosotros, que cuanto más duro es el conflicto, más glorioso es el triunfo. - Thomas Paine

El credo del patriota

En los primeros años de Estados Unidos, los periódicos y folletos eran la principal fuente de noticias e información. Una declaración política importante, de un autor anónimo, escrita en una forma similar al Credo de los Apóstoles, apareció en el Espía de Massachusetts el 19 de enero de 1776. Evidentemente, fue escrita el año anterior, cuando muchos colonos aún se esforzaban por mostrar su lealtad continua como ingleses. Lea atentamente, ya que contiene las semillas para la justificación de lo que pronto vendría en Estados Unidos.

> Creo que el Gobierno inglés, tal como parece haber sido, según los anales más incuestionables de nuestro país, es una constitución libre de forma mixta y limitada; y que su origen debe buscarse y radica en el consentimiento del pueblo.

> Creo que un rey de Inglaterra no tiene derecho a un dominio absoluto e incontrolado; que si el gobierno inglés, en su administración, en algunas temporadas, ha sido des-

pótico, sin embargo, su genio a veces ha sido libre; y que la libertad del sujeto, fundada en leyes establecidas, era esencial para todas las formas bajo las cuales aparecía.

Creo que todo el poder político se deriva originalmente y se invierte en el pueblo; de qué poder, creo, pueden disponer, para su propio uso, en qué manos y en qué condiciones les plazca.

Creo que una corriente de libertad se ha ido ampliando, además de depurar, en proporción a la distancia de su fuente, una institución feudal; que las cartas y las leyes han eliminado todo escrúpulo que pudiera surgir ahora sobre los derechos y privilegios recíprocos del Rey y sus súbditos.

Creo que el sistema feudal y el dominio absoluto, dos cosas perfectamente incompatibles.

Creo que el reclamo del invasor normando a la corona no fue una conquista sino una sucesión testamentaria; que renunció a su conquista mediante un juramento de coronación; y antes de que comenzara a ser tirano, confirmó el uso de las leyes sajonas.

Creo que el poder real no tiene derecho divino, sino ser de institución humana o popular; y que el título de la corona de la actual familia reinante se deriva únicamente de las resoluciones parlamentarias, a las que sólo dieron origen los principios revolucionarios.

Creo que ni Elizabeth ni James exigieron obediencia pasiva; ni siquiera reconocido, por el pueblo, como una cuestión de derecho.

Creo que la resistencia legal y la rebelión son esencialmente diferentes y que se originan en principios bastante opuestos. Por la ley de la naturaleza, todo hombre tiene derecho a defenderse contra el abuso de poder, y por la constitución singular de este reino, cuando Reyes y Ministros; traspasar los límites prescritos por las leyes, el derecho de resistencia del pueblo es incuestionable.

Creo que lo que se llama la constitución inglesa es ese sistema de gobierno que fue declarado por primera vez por la gran carta de Inglaterra; y después de muchas luchas entre la corona y sus súbditos, se instauró la gloriosa revolución.

Creo que estoy obligado a mantener la sucesión protestante establecida por la ley, en la actual familia reinante, y también a apoyar a la Iglesia Católica de Inglaterra, mientras continúe unida al estado; y, por lo tanto, haré todo lo posible para oponerme a los designios de los papistas y a todo pretendiente al trono, como enemigos empedernidos de ambos.

Creo que un Parlamento es un cuerpo legislativo, instituido por el pueblo en general con poderes delegados, que pretende ser un equilibrio entre ellos y el soberano; y elegidos con el único propósito de preservar sus libertades o defender sus vidas y propiedades.

Creo que es mi deber rendir una obediencia implícita a las leyes de mi país; que estos son un estándar de derecho tanto para el príncipe como para el súbdito; y que ningún inglés debería sufrir en persona o en propiedad, a menos que sea por el juicio incontrolado de sus pares.

Creo que tengo la obligación indispensable de vigilar, en todos mis propósitos y acciones, la paz, la seguridad y el buen gobierno; Por lo tanto, bajo Dios, me esforzaré por mantener, en todo momento, verdadera lealtad a mi Rey y un afecto sincero hacia el Magistrado; proporcionados a la sabiduría y la integridad con las que protegen la libertad pública y promueven la prosperidad nacional.

Creo que no debo, bajo ningún pretexto, renunciar a esa invaluable libertad, que me ha sido confirmada solemnemente por las grandes transacciones de tiempos pasados; ni renunciar a esa religión pura que mis antepasados sellaron con su sangre; Por tanto, estaré dispuesto, en cualquier momento, a arriesgar mi vida en su defensa; y mientras tenga mi intención justa y honestamente, confío en que Dios Todopoderoso bendecirá mis esfuerzos públicos y privados para promover su gloria y el bienestar de mi nación. - *De un English Patriot's Creed*, Anónimo, 1775, publicado en Boston, 1776

Pasando la línea

Hoy debe considerar seriamente las posibilidades que se avecinan. O determinará en su corazón defender la libertad y la verdad, o finalmente será invadido por la opresión tiránica.

Puede que sienta la tentación de pensar que las cosas no son tan graves, pero puedo asegurarle que esto es precisamente lo que nuestros enemigos quieren que crea. La elección es claramente tuya: continúa, sonámbulo e ignorando la verdad; o despierta y comienza a vivir libre una vez más.

Viviendo en Libertad

Una vez que haya superado esta línea de compromiso y haya hecho las paces con su Creador, podrá experimentar una vez más la paz interior y profunda de la verdadera libertad.

Superar el miedo es la clave para la victoria personal. El miedo es lo que nos detiene, nos paraliza y nos hace retroceder. Ya sea que los juicios vengan por acoso, persecución, prisión o incluso la muerte, ¡aún puedes vivir y morir libre! ¡Nunca podrán quitarte esto!

Cuando se encuentra al final de su vida, al borde de la eternidad, puede saber que hizo lo correcto. En realidad, puede decidir ahora mismo, en su corazón y en su mente. Los exhorto hoy a cruzar este umbral hacia una nueva vida de verdadera libertad.

Libre al fin

El corazón humano anhela vivir y respirar libremente. Libres para pensar y actuar de acuerdo con los dictados de nuestras propias creencias y conciencia. Libres para perseguir todo lo que la vida y este mundo tienen para ofrecer. Libre de la manipulación y el control de otros. Estamos juntos en este momento para asegurarnos de que la llama de la verdadera libertad no se extinga en el mundo.

> Deja a la libertad sonar. Y cuando esto suceda, y cuando permitamos que suene la libertad, cuando dejamos que suene desde cada aldea y cada aldea, desde cada estado y cada ciudad, podremos acelerar ese día en que todos los hijos de Dios, los hombres negros y hombres blancos, judíos y gentiles, protestantes y católicos, podrán unir sus manos y cantar en las palabras del viejo espiritual negro: "¡Libres al fin! ¡Libres al fin! Gracias a Dios Todopoderoso, ¡al fin somos libres!" - Martin Luther King. Jr..

Unidos venceremos ... o moriremos en el intento

Muy pocas causas en la vida exigirán nuestra máxima dedicación o sacrificio. Sin embargo, hoy vivimos en un momento así, uno que nos invita a tomar una posición a favor de la libertad y el futuro de nuestra nación.

Esta lucha sin precedentes por la libertad y la autodeterminación es también el choque definitivo entre todo lo que es bueno y malo en este mundo. Oro para que tenga la capacidad de comprender y tomar el curso de acción correcto.

> Además, los creyentes nunca deben olvidar que la base del estado es el poder de coaccionar. La máxima sanción detrás de las leyes y reglas es la prisión y, en algunos casos (si se resiste), la muerte. - Michael Cromartie, *La moneda de César revisitada*

> VIVE LIBRE O MUERE. La muerte no es el peor de los males. - General John Stark (este es el lema del estado de New Hampshire)

VIVE LIBRE O MUERE… deja que millones de voces ahora alcen este grito al unísono y rescaten nuestra tierra.

> ¿Es la vida tan cara o la paz tan dulce que se puede comprar al precio de cadenas y esclavitud? ¡Prohibido, Dios Todopoderoso! No sé qué camino tomarán los demás, pero en cuanto a mí, ¡dame libertad o dame la muerte! - Patrick Henry

El autor agradecería escuchar sus comentarios sobre este libro.
Por favor contáctelo en dvbatcheller@zoho.com

Referencias

La nueva Biblia estándar americana
La declaración de independencia
La constitución de los Estados Unidos
El proyecto de ley de los derechos
Un manifiesto cristiano - Francis A. Schaeffer
Moneda de César revisitada - Editado por Michael Cromartie
Seguridad Nacional Constitucional - Edwin Vieira
Bueno para ser rey - Michael Badnarik
Cruz de Hitler - Erwin W. Lutzer
Manifiesto Humanista, I, II y III - varios autores
Lex Rex, la ley y el príncipe - Samuel Rutherford
El salto de 5000 años - W. Cleon Skousen
La crisis mundial venidera - Durkin / Anfuso / Sczepanski
El Manifiesto Comunista - Karl Marx, Friedrich Engels
La Constitución en el exilio - Andrew P. Napolitano
Los documentos federalistas - Alexander Hamilton, James Madison, and John Jay
The Late, Great USA - Jerome Corsi
La revolución: un manifiesto - Ron Paul
Los escritos políticos seleccionados de John Locke - Editado por Paul E. Sigmund

Sobre el Autor

Como muchos estadounidenses, David Batcheller pasó gran parte de su vida sin conocer la verdadera historia de Estados Unidos o los profundos problemas que enfrenta nuestra nación. A medida que se acercaba a los cincuenta años, comenzó a conectar los puntos de nuestra historia y los problemas que amenazaban la supervivencia de Estados Unidos. Esto lo llevó a escribir su primer libro, The Downward Spiral: Decline of the American Dream.

David nació y se crió en Iowa y ha vivido en varias regiones del país. Se graduó de Bible College y durante muchos años estuvo involucrado en el ministerio de la iglesia. En el camino, mientras formaba una familia, también trabajó en otros campos; todo lo cual le ha proporcionado una amplia experiencia e interacción con la gente.

David trabaja actualmente por cuenta propia y reside en Nuevo México. Se ha desempeñado como presidente del Partido de la Constitución de Nuevo México y es el fundador y coordinador estatal de la Alianza Patriota de Nuevo México, un grupo que está a la vanguardia de los esfuerzos para restaurar la libertad y nuestra forma constitucional de gobierno aquí en el Estados Unidos.

www.ingramcontent.com/pod-product-compliance
Lightning Source LLC
LaVergne TN
LVHW012110160826
845678LV00014B/3013